CONTENTS

100+ RECETTES AUSTRALIENNES QUE VOUS DEVEZ CUISINER :

Le goût exotique de la nourriture saine. Pour débutants et avancés et pour tous les régimes

Kylie Hogen

PRÉFACE DE L'ÉDITEUR

Nous sommes heureux que vous ayez choisi ce livre. Si vous êtes en possession d'un livre de poche, nous vous enverrons volontiers le même sous forme d'e-book, vous pourrez alors facilement tourner les pages numériquement ainsi que normalement.

Nous attachons une grande importance au fait que tous nos auteurs, lorsqu'ils créent leurs propres livres de cuisine, ont recuisiné toutes leurs recettes plusieurs fois. Par conséquent, la qualité de la conception des recettes et les instructions de recuisson sont détaillées et seront certainement réussies.

Nos auteurs s'efforcent d'optimiser vos recettes, mais les goûts sont et seront toujours différents !

Chez Mindful Publishing, nous soutenons la création des livres, afin que les auteurs créatifs des recettes puissent prendre leur temps et prendre plaisir à cuisiner.

Nous apprécions votre opinion sur nos recettes. Nous vous serions donc reconnaissants de commenter le livre et de nous faire part de votre expérience avec ces excellentes recettes !

Afin de réduire les coûts d'impression de nos livres et d'offrir la possibilité de proposer des recettes dans des livres, nous devons nous passer de photos dans les livres de cuisine. La version numérique a le même contenu que le livre de poche.

Nos recettes vous convaincront et vous révéleront un style culinaire dont vous ne pourrez plus vous passer !

CRUMBLE AUSTRALIEN AUX POMMES

Temps total : 30 minutes environ

Ingrédients

1 kg|de pommes
2 cuillères à soupe de sucre
125 g de farine de blé
95 g de sucre
3 cuillères à café de cannelle
100 g de beurre

Préparation

Pelez les pommes, coupez-les en deux et faites-les bouillir dans de l'eau, puis laissez-les mijoter pendant environ 15 minutes jusqu'à ce qu'elles soient tendres. Mélangez la farine avec la cannelle, 95 g de sucre et le beurre et faites des crumbles. Retirez les pommes de l'eau et mettez-les dans un plat à four. Saupoudrez de 2 cuillères à soupe de sucre et ajoutez ensuite le crumble. Faites cuire dans un four préchauffé à 180°C pendant environ 45 minutes. Conseil : Servir chaud avec de la glace à la vanille.

GLACE AU CARAMEL DE MACADAMIA

Temps total environ : 3 heures 45 minutes

Ingrédients

1 boîte de lait concentré sucré (par ex. Milkmaid)
50 g de sucre
250 ml de lait
350 ml de crème
3 jaunes d'oeuf
1 gousse(s) de vanille
200 g de noix de macadamia, grillées et salées

Préparation

Pour la sauce caramel, faites bouillir la boîte non ouverte de lait concentré recouverte d'eau pendant 2 heures. Laissez refroidir complètement avant d'ouvrir. Pour la glace à la vanille, battez les jaunes d'œufs avec le sucre jusqu'à ce qu'ils soient mousseux, faites bouillir la crème avec le lait, une pincée de sel et la pulpe ainsi que la gousse de vanille grattée. Repêchez la gousse puis ajoutez petit à petit le mélange lait-crème chaud au mélange d'œufs et remuez vivement dans un bain d'eau glacée (astuce : ajoutez des glaçons dans l'eau). Continuez à remuer jusqu'à ce que le mélange soit bien mousseux et qu'il ait refroidi à la température du corps. Placez dans le congélateur et remuez vigoureusement toutes les 10 minutes. Lorsque le mélange est pris mais pas tout à fait congelé, incorporez les noix hachées et la sauce caramel de façon homogène, puis mettez au congélateur pendant 15 minutes supplémentaires. Si la crème glacée doit être congelée plus longtemps, la sortir du congélateur 10 minutes avant de la servir pour la ramollir un peu.

ARAIGNÉE À CRÈME GLACÉE

Temps total : 5 minutes environ

Ingrédients

2 boules de crème glacée (vanille)
à goûter|la limonade de votre choix

Préparation

Remplissez un grand verre avec environ 1 à 2 boules de glace à la vanille et complétez avec la limonade aux fruits de votre choix (framboise, cerise, etc.). La limonade gazeuse fera légèrement mousser la crème glacée. Ajoutez une paille, une cuillère, etc. et la boisson rafraîchissante est prête à être bue, avalée à la cuillère et dégustée. Une boisson rafraîchissante australienne ou néo-zélandaise (convient également comme dessert).

RECETTE AUSTRALIENNE DE SCONES

Temps total environ : 25 minutes

Ingrédients

430 g|de farine
2 cuillères à soupe|de levure chimique
cuillère à café de sel
150 ml|de crème
150 ml|Mascarpone
300 ml|d'eau

Préparation

Mélangez la farine avec la levure chimique et le sel. Tamisez au moins trois fois sur un plan de travail et pressez un creux au centre. Mélangez la crème et le mascarpone et ajoutez-les à la farine avec l'eau. Mélangez tous les ingrédients avec un couteau jusqu'à ce que la pâte se tienne juste, puis continuez à travailler avec les mains sur le plan de travail fariné. Pour ce faire, continuez à plier la pâte, mais pressez-la seulement du bout des doigts, pas avec toute la paume de la main. Pressez la pâte sur une épaisseur d'environ 3,5 cm, en utilisant uniquement le bout de vos doigts. Farinez un emporte-pièce rond ou un verre d'environ 6 cm de diamètre et découpez des cercles. Placez les cercles côte à côte sur une plaque à pâtisserie recouverte de papier sulfurisé de façon à ce qu'ils se touchent. Pliez à nouveau plusieurs fois la pâte restante et découpez des cercles jusqu'à épuisement de la pâte. Badigeonnez les scones de lait et faites-les cuire dans un four préchauffé à 210 °C (four à convection) sur l'étagère du milieu pendant 15 minutes. Enfoncez une baguette dans un petit pain moyen, si de la pâte colle encore lorsque vous la retirez, faites cuire un peu plus longtemps. Placez un torchon de cuisine sur une grille, placez les scones dessus et couvrez-les avec l'autre moitié du torchon. Les scones sont meilleurs encore chauds, avec de la confiture de fraises et de la crème.

VIVANEAU ROUGE À LA SAUCE MACADAMIA

Temps total : 40 minutes environ

Ingrédients

2 filet(s) de poisson (filets de vivaneau rouge, frais ou surgelés)
4 assiettes de pâte feuilletée (surgelée)
1 paquet d'épinards en feuilles (surgelés)
2 avocat(s)
200 g de noix de macadamia
2 cuillères à soupe de sauce chili
1 citron(s)
1 oignon(s)
1|gousse(s) d'ail
1|tomate(s)
|sel et poivre

Préparation

Décongelez les feuilles d'épinards et les feuilles de pâte feuilletée. Pelez et coupez l'avocat en tranches. Epluchez et coupez un oignon en dés et faites-le revenir dans une poêle, ajoutez la gousse d'ail émincée. Ajoutez ensuite les épinards et faites-les revenir brièvement. Coupez une tomate en quatre, épépinez-la et coupez-la en petits cubes. Formez une petite boîte à partir de 2 feuilles de pâte feuilletée, superposées et pressées l'une contre l'autre. Badigeonner l'intérieur de cette boîte d'huile. Tapissez la forme de pâte feuilletée d'épinards et placez dessus les filets de poisson, les tranches d'avocat et les morceaux de tomate. Placez le tout sur une plaque de cuisson recouverte de papier sulfurisé et faites cuire au four à 180°C pendant 15 minutes jusqu'à ce que les boîtes soient dorées. Pour la sauce, mettez les noix de macadamia, le deuxième avocat pelé et dénoyauté, 2 cuillères à soupe de sauce chili et le jus d'un demi-citron dans un mixeur et mélangez bien le tout. Faites chauffer la sauce brièvement, sans la faire bouillir, et versez-la sur le poisson cuit au four. Elle se marie bien avec, par exemple, une délicieuse laitue iceberg avec la vinaigrette de votre choix.

SALADE DE PAPAYE-AVOCAT AVEC DU JAMBON

Temps total : 35 minutes environ

Ingrédients

150 g de tomate(s) cerise(s)
2 citron(s) vert(s)
1|piment(s) rouge(s)
1 bouquet de basilic
1|Papaye, selon la taille, vous pouvez en
avoir besoin d'une deuxième
1|avocat(s), pas trop mûr(s)
12 tranches de jambon séché à l'air, finement tranchées
4 cuillères à soupe d'huile d'olive
|sel

Préparation

Lavez et coupez les tomates cerises en quatre. Pressez un tiers des quartiers de tomates à travers une passoire, en réservant le jus. Pressez les citrons verts. Lavez et coupez le piment en petits dés ou en morceaux. Lavez le basilic, séchez-le en le secouant, effeuillez-le et hachez-le. Mélangez le jus des tomates et des citrons verts avec le sel, le piment, le basilic et l'huile. Couper la papaye et l'avocat en deux, les épépiner et les peler. Coupez la chair en dés et mélangez-la avec les quartiers de tomates et la marinade. Placez la salade au réfrigérateur pendant au moins 15 minutes. Disposez 3 bandes de jambon avec le mélange dans des assiettes à la fois. Servez avec du pain si vous le souhaitez.

MINI PAVLOVAS AUX GROSEILLES ET CRÈME CARAMEL

Temps total environ : 1 heure 30 minutes

Ingrédients

100 g d'amandes effilées
3 blancs d'oeufs moyens
|sel
170 g de sucre en poudre
125 g de groseilles rouges
300 g de crème fouettée
5 cuillères à soupe de caramel, (sauce caramel)
ou de pâte à tartiner au caramel
1 paquet de sucre vanillé

Préparation

Chauffez le four à 200° (four à convection : 180°). Faites griller les amandes sur une plaque de cuisson au four jusqu'à ce qu'elles soient claires. Retirez-les de la plaque et laissez-les refroidir. Réduisez la température du four à 120° (four à chaleur tournante : 100°). Battez les blancs d'œufs avec 1 pincée de sel jusqu'à ce qu'ils soient fermes et brillants, en ajoutant progressivement le sucre en poudre et le sucre vanillé. Concassez grossièrement les amandes et incorporez-les. Tapissez une plaque à pâtisserie de papier sulfurisé. À l'aide d'une cuillère à soupe, déposez de grosses boules de blancs d'œufs battus sur la plaque. Appuyez un peu de manière à former un creux au centre de chaque monticule. Faites cuire les meringues dans le four préchauffé pendant 60 minutes. Puis éteignez le four et laissez les meringues refroidir. Séparez les baies et fouettez la crème jusqu'à ce qu'elle soit ferme. Incorporez la sauce au caramel. Déposez une cuillerée de crème au caramel sur chaque meringue et répartissez quelques baies sur le dessus, arrosez à nouveau de caramel si vous le souhaitez. Servez immédiatement.

POULET AUX ABRICOTS

Temps total : 20 minutes environ

Ingrédients

2 filet(s) de poitrine de poulet
2 oignon(s)
1 cuillère à soupe|de farine de fécule
450 ml|de jus (nectar d'abricot)
150 g|d'abricot(s) sec(s), finement haché(s)
1 poivron(s) vert(s), coupé(s) en petits dés
60 g de beurre
|Sel et poivre
|Crème fraîche ou crème fraiche

Préparation

Faites revenir les filets de poulet dans le beurre. Retirez-les et gardez-les au chaud. Faites ensuite revenir les oignons dans la poêle jusqu'à ce qu'ils soient translucides. Mélangez le nectar d'abricot avec la fécule, ajoutez aux oignons et portez à ébullition. Assaisonnez à votre goût avec du sel et du poivre. Ajoutez ensuite les abricots et la viande et faites cuire jusqu'à ce que la viande soit presque cuite. Ajoutez ensuite le poivron vert et laissez mijoter pendant encore 5 minutes. Enfin, affinez le plat avec de la crème aigre. Le riz est un bon accompagnement.

CRÈME BANOFFEE

Temps total environ : 2 heures 25 minutes

Ingrédients

100 g|Sucre brun
60 g de beurre
60 ml|Crème
1 pincée(s) de sel
3 banane(s)
250 g de mascarpone
250 g|Yoghourt, 3,5 % de matières grasses

Préparation

Faites chauffer le sucre, le beurre, la crème et le sel dans une casserole et laissez cuire pendant environ 5 minutes, en remuant fréquemment, jusqu'à ce que le mélange soit très bouillonnant et caramélisé. Dès qu'une odeur de "brûlé" se fait sentir, retirez immédiatement la casserole du feu. La cassonade rend un peu difficile l'évaluation du degré de caramélisation. Laissez le caramel refroidir brièvement. Écraser les bananes à l'aide d'un mixeur manuel. Ajoutez le caramel et réduisez-le en purée jusqu'à ce qu'il soit fin. (Le mélange donne environ 400 ml pour quatre personnes) Mélangez le mascarpone et le yaourt jusqu'à obtenir une consistance lisse, ajoutez les 3/4 du mélange caramel-bananes et mélangez soigneusement. Étalez la crème jusqu'à ce qu'elle soit lisse. Versez le reste du mélange sur le dessus en guise de garniture. Mettez au réfrigérateur pendant au moins deux heures.

PORRIDGE AUSTRALIEN

Temps total : 15 minutes environ

Ingrédients

1 ½ tasse/n|d'eau
1 tasse/n|de flocons d'avoine, épépinés
1 tasse/n|de lait
1 cuillère à soupe de raisins secs (peut être omise)
2 cuillères à soupe de sucre de canne
½|banane(s)
1 cuillère à soupe d'amande(s) entière(s) grillée(s)
1 pincée(s) de sel

Préparation

Mettez l'eau, la pincée de sel et les raisins secs dans une casserole pas trop large et portez à ébullition. Incorporez ensuite les flocons d'avoine et réduisez le feu, le mélange doit seulement mijoter doucement. Remuez toujours bien pour que rien ne brûle. Après environ 5 minutes, lorsque le mélange commence à épaissir, incorporez la banane coupée en morceaux. Mettez la portion dans une assiette creuse, saupoudrez de sucre de canne, ajoutez les amandes et versez la quantité de lait souhaitée sur le dessus.

PORRIDGE À LA BANANE

Temps total : 10 minutes environ

Ingrédients

1 banane(s)
1 tasse de flocons d'avoine
1 tasse d'eau
1 tasse de lait
au goût : miel ou sucre

Préparation

Dans un bol, écrasez la banane. Mettez les flocons d'avoine, le lait et l'eau dans une casserole et portez brièvement à ébullition à feu vif. Remuez toujours bien pour que rien ne brûle. Laissez gonfler le tout un court instant à feu doux. Ajoutez la bouillie à la bouillie de bananes, incorporez-la et servez immédiatement. Sucrez avec du miel ou du sucre si vous le souhaitez. Au lieu de bananes, le porridge peut aussi être préparé avec des fruits compotés, des cerises, de la gelée de fruits rouges, des framboises, etc.

CHOCOLAT - BANANE - PORRIDGE

Temps total : 10 minutes environ

Ingrédients

1 tasse de lait
1 tasse d'eau
1 tasse|de farine d'avoine, tendre
2 cuillères à café de poudre de cacao
1 cuillère à soupe de Nutella
1 banane(s) moyenne(s)
|sucre ou édulcorant

Préparation

Portez le lait, l'eau et les flocons d'avoine à ébullition dans une petite casserole et laissez mijoter jusqu'à ce que les flocons d'avoine aient la consistance épaisse souhaitée. Écraser la banane et la mélanger aux flocons d'avoine avec le cacao et le Nutella. Ajoutez du sucre ou un édulcorant selon votre goût.

BROCHETTES

Temps total : 25 minutes environ

Ingrédients

1 gros oeuf(s)
¼ tasse|de sucre brun
½ tasse|de lait
1 tasse|de farine
2 cuillères à café de levure chimique

Préparation

Battre l'œuf avec le sucre et la moitié du lait dans un saladier jusqu'à ce que le mélange soit homogène. Mélangez la levure chimique avec la farine et incorporez-la au mélange jusqu'à ce qu'il soit homogène. Ajoutez ensuite lentement le reste du lait jusqu'à l'obtention d'un mélange épais, crémeux et lisse. La pâte sera plus épaisse que la pâte à crêpes ordinaire. Déposez de petits monticules par cuillerées à soupe dans la poêle préchauffée et graissée. Dès que des bulles se forment à la surface, retournez les piklets. Les pikletes doivent avoir une belle surface dorée, ne les laissez pas trop longtemps dans la poêle ou ils deviendront trop secs. Il est préférable de faire frire à feu vif au début et de baisser à feu moyen après quelques portions. Une fois que les pikelets sont retournés, ils lèvent bien et forment une petite crêpe moelleuse. Ils sont frits pendant un temps beaucoup plus court que les crêpes ordinaires. Empilez les pikelets terminés sur une assiette et couvrez-les avec un torchon (sinon ils seront caoutchouteux) jusqu'à ce que le mélange soit épuisé. Ils sont meilleurs servis au petit-déjeuner avec du sirop d'érable, du miel, de la confiture ou simplement du beurre, selon vos goûts. Le nombre de calories est pour un pikelet.

PAIN À LA NOIX DE COCO DE SYDNEY

Temps total : 1 heure et 5 minutes environ

Ingrédients

2 œuf(s)
300 ml|de lait (1,5% de matières grasses)
1 cuillère à café d'extrait de vanille
1 tasse/s de farine, blanche ou complète, selon votre goût
2 cuillères à café de levure chimique
2 cuillères à café de cannelle en poudre
1 tasse|de sucre
150 g de flocons de noix de coco
75 g de beurre ou de margarine
|Graisse pour le moule

Préparation

Mélangez tous les ingrédients, remuez brièvement et bien
et versez dans un moule à pain graissé. Faites cuire dans
un four préchauffé à 180°C (chaleur supérieure/inférieure)
pendant 1 heure (test du bâton). Je découpe environ 20
tranches fines dans un pain. Je le préfère légèrement grillé
avec un peu de beurre ou de margarine. Mais je l'imagine
aussi très bien avec du Nutella ou de la confiture. Mais
comme on le sait, il n'y a pas de limites au goût ...

RECETTE DE BASE
ACAI BOWL

Temps total : 10 minutes environ

Ingrédients

1 banane(s), congelée(s)
200 g de fruits, congelés, par exemple des framboises
200 ml|de lait de soja (boisson au soja), de lait de
coco ou de lait pauvre en matières grasses
1 cuillère à café|de poudre d'açai

Préparation

Décongelez brièvement les fruits surgelés, puis mettez-les dans
le mixeur avec la poudre d'açai et le lait. La recette de base de
l'Acai Bowl est prête. Vous avez maintenant le libre choix de la
garniture de votre super aliment. Nous pouvons vous recom-
mander des fruits frais, des graines de chia, des flocons de noix
de coco, du granola (muesli), des noix ou des pépites de chocolat.

PAINS CROISÉS

Temps total environ : 2 heures 50 minutes

Ingrédients

200 ml de lait, allégé en matières grasses
50 ml|d'eau
55 g de beurre ou de margarine
2 paquets de levure sèche
455 g de farine de blé type 550
1 cuillère à café de sel marin
1 cuillère à café|d'épices pour pain d'épices
1 cuillère à café de cannelle en poudre
1 pincée de noix de muscade
55 g de sucre
2 morceau(x) de gingembre confit
1 œuf(s)
55 g de raisins secs
30 g de canneberges séchées
1 cuillère à soupe de limonade
1 cuillère à soupe|de zeste d'orange
2 cuillères à soupe|de farine de blé type 405
1 cuillère à soupe|de confiture d'abricots

Préparation

Mélangez le lait avec 50 ml d'eau et faites-le chauffer très légèrement dans une petite casserole ou au micro-ondes pour qu'il soit
tiède. Incorporez ensuite la levure sèche à l'aide d'un fouet.
Pendant ce temps, faites fondre le beurre ou la margarine dans
une autre casserole. Tamisez la farine dans un grand bol, ajoutez

le sel, les épices et le sucre et mélangez bien. Hacher très finement les morceaux de gingembre confit et les incorporer
également. Faites un puits au centre du mélange de farine et
versez-y d'abord le beurre, puis le mélange de lait et de levure.
Battez l'œuf dans un bol propre jusqu'à ce qu'il devienne mousseux et ajoutez-le également dans le puits. À l'aide d'une
fourchette, mélangez grossièrement les ingrédients jusqu'à ce
qu'ils forment une pâte collante. Transférez la pâte sur un plan
de travail fariné et pétrissez-la pendant au moins 10 minutes
jusqu'à ce que vous obteniez un morceau de pâte souple et élas-
tique. Placez la pâte dans un bol bien graissé et couvrez-la avec
un couvercle ou un torchon. Laissez lever dans un endroit chaud
pendant au moins 1 heure, ou jusqu'à ce que la pâte ait doublé de
volume. Remettez la pâte sur une surface bien farinée et donnez-
lui quelques coups de poing pour que l'air sorte de la pâte.
Ajoutez maintenant les raisins secs, les canneberges, le zeste de
citron confit et le zeste d'orange confit à la pâte et pétrissez bien
pendant 1 à 2 minutes. Divisez la pâte en 12 portions égales et
formez de petites boules. Placez-les sur une plaque à pâtisserie
recouverte de papier sulfurisé, en les espaçant légèrement.
Couvrez les petits pains d'un torchon et laissez-les lever dans un
endroit chaud pendant encore 30 minutes. Ils devraient avoir à
nouveau grandi de manière significative. Préchauffez le four à
190°C en haut/bas. Pendant que les brioches lèvent, mélangez la
farine de blé type 405 avec 2 cuillères à soupe d'eau et mettez-la
dans une poche à douille. À l'aide de la poche à douille - ou d'une
cuillère, mais alors ce ne sera pas aussi régulier - dessinez des
croix sur les brioches. Faites cuire les brioches sur la grille cen-
trale du four pendant 15 à 20 minutes jusqu'à ce qu'elles soient
dorées. Mélangez la confiture d'abricots avec 1 cuillère à soupe
d'eau et étalez-la en fine couche avec un pinceau sur les brioches
chaudes. Laissez-les refroidir brièvement, puis mangez-les
tièdes, car elles sont meilleures fraîches avec un peu de beurre. Il
ne faut pas tout manger tout de suite : Remettez les brioches
refroidies rapidement pendant 30 secondes au micro-ondes,
elles sont alors à nouveau bien chaudes. En Australie, les Hot

Cross Buns sont généralement consommés le dimanche de Pâques.

BISCUITS AUX PÉPITES DE CHOCOLAT

Temps total : 15 minutes environ

Ingrédients

4 tasses de farine
1 paquet de poudre à pâte
500 g|de copeaux (pépites de chocolat), grands
1 boîte de lait concentré
250 g de beurre
½ tasse|de sucre

Préparation

Mélangez d'abord la farine, la levure chimique, le sucre et les pépites de chocolat. Faites fondre le beurre au micro-ondes, puis pétrissez-le avec le lait concentré et la pâte. Formez de petites boules et faites-les cuire au four à 180 degrés pendant environ 10-15 minutes.

PAIN AUX COURGETTES ET AUX NOIX

Temps total : 25 minutes environ

Ingrédients

3 œuf(s)
350 g de sucre de canne
1 paquet de sucre vanillé
2 ½ dl|huile (huile d'arachide ou de tournesol)
1 petite(s) bouteille(s) d'arôme(s) (citron)
400 g de courgettes (zucchetti)
100 g de noix (noix d'arbre), hachées
450 g de farine
1 paquet de levure chimique

Préparation

Tapissez un moule à pain d'environ 30 cm de papier sulfurisé.
Battez les oeufs, le sucre, le sucre vanillé, l'huile et l'arôme de
citron dans un bol jusqu'à ce que tous les ingrédients soient
bien mélangés (de préférence avec un batteur électrique).
Râper les courgettes lavées avec leur écorce sur une râpe et les
incorporer au mélange avec les noix. Mélangez la farine avec la
levure chimique, tamisez et incorporez-la à la cuillère à soupe.
Versez la pâte dans le moule préparé. Faites cuire dans le four
préchauffé à 180°C à 190°C en haut/bas (air chaud : 160°C à

170°C, gaz : niveau 3-4) pendant environ 75 minutes sur la grille la plus basse. Laissez reposer dans le moule pendant environ 5 minutes, puis retournez-le sur une grille pour le laisser refroidir.

VINAIGRETTE AU CITRON

Temps total : 5 minutes environ

Ingrédients

3 citron(s)
|huile d'olive, même quantité que le jus de citron
3 gousse(s) d'ail
|Sel
|Poivre

Préparation

Pressez les citrons et versez le jus dans un récipient, puis ajoutez la même quantité d'huile d'olive. Pelez les gousses d'ail et pressez-les dans la vinaigrette. Assaisonnez avec du sel et du poivre. Secouez bien avant de l'utiliser. Cette vinaigrette est absolument polyvalente. Elle est délicieuse sur du pain, comme vinaigrette, comme sauce pour une casserole et bien plus encore.

PUDDING DE DOONSIDER

Temps total : 2 heures environ

Ingrédients

|Viande de tête de porc, 60%.
|Foie(s) de porc, 5%.
|Couenne de porc, 20
|Sang de porc, 5
|Bouillon, (bouillon de marmite), 10
20 g|Sel
20 g|Oignon(s), rôti(s)
2 g|Poivre noir
2 g|Marjolaine
½ g|macron
½ g|cannelle
éventuellement|des os

Préparation

ATTENTION ! Les pourcentages derrière les ingrédients se réfèrent proportionnellement à la quantité totale. Les grammes dans les épices se réfèrent à 1 kg de la masse dans chaque cas. Faites bouillir les têtes jusqu'à ce qu'elles soient tendres, avec les autres os s'ils sont présents, puis retirez-les. Faire bouillir les couennes jusqu'à ce qu'elles soient tendres, les broyer en tranches de 2 mm avec les oignons et le foie, mélanger avec le sel, les épices et les ingrédients chauds. Incorporer le sang et bien mélanger. Enfin, incorporer le bouillon. Bouillon à 75° C jusqu'à une température à cœur d'au moins 68° C. Verser dans des boyaux ou des chapeaux de saucisses crépus. Laisser refroidir toute la nuit.

CHIMICHANGAS AU CHA CHA

Temps total environ : 30 minutes

Ingrédients

1 oignon(s) moyen(s), finement haché(s)
1 poivron(s) rouge(s) moyen(s), coupé(s) en dés
2 grosses poitrines de poulet, coupées en dés
2 piments verts, finement hachés
2 gousse(s) d'ail, finement hachée(s)
2|tomates, coupées en dés
1 grande boîte de conserve de maïs
4 oignon(s) de printemps, coupés en rondelles
1 pot de sauce, (sauce taco)
2avocat(s)
1 citron(s), son jus
|sel et poivre
8 tortilla(s)
1 tête de laitue iceberg
1 tasse de crème fraîche
1 tasse de crème fraîche
|sauce chili, douce
|Huile

Préparation

Faites chauffer l'huile dans une grande poêle et faites frire l'oignon, le poivron et le poulet pendant 3-4 minutes. Ajouter les piments, l'ail, le maïs et les tomates et faire frire pendant encore

2-3 minutes. Ajouter la sauce taco, ainsi que les oignons verts, bien mélanger et retirer la poêle du feu. Placez 2 à 3 cuillères à soupe de la garniture au centre de chaque tortilla et repliez les extrémités l'une sur l'autre pour former un paquet rectangulaire. Fixer avec 2 ou 4 cure-dents. Pour le guacamole, coupez les avocats en deux, retirez les noyaux, sortez la chair, ajoutez un filet de jus de citron et écrasez le tout finement. Assaisonnez à votre goût avec du sel et du poivre. Mélangez la crème fraîche et la crème aigre. Laver la laitue iceberg, bien la sécher, la couper en fines lanières et la répartir dans les assiettes. Faire griller ou frire brièvement les paquets de tortillas des deux côtés, les placer sur la salade, les tartiner de crème aigre, de guacamole et de sauce chili (cet ordre est très important !) et déguster.

SOUPE AU POTIRON ET À LA PATATE DOUCE

Temps total : 1 heure 30 minutes environ

Ingrédients

1 potiron(s) (butternut)
350 g de pomme(s) de terre douce(s)
2|échalote(s)
3 gousse(s) d'ail
1 litre|de bouillon de légumes
1 tasse|de crème fraîche
|sel et poivre
|persil
|huile

Préparation

Préchauffez le four à 190°C en haut/bas. Pelez le potiron et les pommes de terre et coupez-les en cubes d'environ 1 cm. Étalez-les sur une plaque de cuisson, badigeonnez-les d'un peu d'huile et faites-les cuire au four pendant environ 40 minutes. Épluchez les échalotes, coupez-les en dés et faites-les revenir dans une grande casserole avec un peu d'huile. Lorsque les pommes de terre et la courge sont prêtes, ajoutez-les à la marmite et remplissez-la de bouillon de légumes. Laissez mijoter doucement pendant encore 30 minutes. Puis retirez du feu et réduisez en purée. Assaisonnez avec de l'ail pressé, du sel et du poivre. Servez la soupe avec une boulette de crème fraîche et du persil. Peut aussi être bien congelé et réchauffé au micro-ondes.

FILET DE SAUMON EL SALOMO

Temps total environ : 9 heures 6 minutes

Ingrédients

1 kg|de filet(s) de saumon, sans peau
350 g|carotte(s)
500 g|Poireau(x)
350 g|Tomate(s)
1 bouquet d'aneth
2 cuillères à soupe d'eau-de-vie de vin
1 citron(s)
60 g de beurre
25 g de farine
400 ml|de bouillon de poisson
200 g de crème
un peu de sel
un peu de poivre
|citron(s), pour décorer

Préparation

Nettoyer les carottes et le poireau, les laver et les couper en fins bâtonnets. Laver les tomates, les couper en quartiers et les épépiner. Couper les quartiers de tomates dans le sens de la longueur en fins quartiers. Laver l'aneth et le hacher finement, à l'exception d'une partie pour la garniture. Placer la moitié des légumes dans un plat oblong. Arroser un côté du filet de saumon avec une cuillère à soupe de brandy et deux cuillères à soupe de jus de citron. Saupoudrez de la moitié de l'aneth et placez ce côté sur les légumes. Arrosez ensuite l'autre côté du filet et saupoudrez avec le reste de l'aneth. Répartissez le reste des légumes sur le dessus et couvrez d'un film plastique. Laissez au réfrigérateur toute la nuit. Soulever le filet de saumon du lit de légumes et le couper en six à huit tranches. Chauffer 30 grammes de beurre dans une grande poêle, ajouter les tranches de saumon et les faire frire, en les retournant, pendant cinq à six minutes. Assaisonner de sel et de poivre. Transférer les légumes et la sauce dans un plat profond et disposer le saumon sur le dessus. Servir garni de citron et d'aneth. Servir avec des pommes de terre bouillies.

FILET DE KANGOUROU À LA SAUCE MOUTARDE

Temps total : 20 minutes environ

Ingrédients

500 g|Filet(s) (kangourou)
3 cuillères à soupe d'huile d'olive, alternativement
d'huile de macadamia
¾ tasse|de crème fraîche
3 cuillères à soupe d'échalote(s), hachée(s)
2 cuillères à soupe|de moutarde (Dijon)
|sel

Préparation

Tout d'abord, préparez la sauce. Pour cela, faites suer les
échalotes dans une poêle et ajoutez la moutarde. Ajoutez
ensuite la crème fraîche et laissez le tout mijoter brièvement.
Assaisonnez à votre goût avec du sel. Faites chauffer
l'huile dans une deuxième poêle. Faites frire brièvement
les filets de kangourou des deux côtés, puis maintenez-les
au chaud pendant encore 2 minutes. Découpez ensuite les
filets et servez-les avec la sauce pendant qu'elle est encore
chaude. Accompagner de pommes de terre ou de batata
(gratin) et de légumes et d'un vin rouge australien fort.

GIGOT DE MOUTON AUSTRALIEN

Temps total : 30 minutes environ

Ingrédients

2 kg de gigot de mouton
2 cuillères à soupe de beurre
2 cuillères à soupe de persil
1 cuillère à soupe|de menthe poivrée fraîche
1 cuillère à café de sel
½ cuillère à café|de poivre noir
1 oignon(s)
2 carotte(s)
2 tasse(s) de fruits
6 pomme(s) de terre
300 g de haricots verts
6 tomate(s)
200 g d'échalote(s) ou d'oignons perlés
|Beurre
|sel
|poivre
éventuellement de la crème fraîche

Préparation

Nettoyez le gigot de mouton de la graisse et des tendons, frottez-le avec un mélange de beurre remué, d'herbes hachées, de sel et de poivre. Emincez l'oignon et les carottes et tapissez-en un plat beurré allant au four. Posez-y le gigot de mouton, ajoutez un peu de bouillon et faites rôtir le gigot dans un four préchauffé (90 minutes à 180°C sur la grille inférieure). Mettez les pommes de terre lavées à côté du plat sur la plaque. Elles seront cuites en 50-60 minutes. Faites cuire les haricots, les tomates pelées et les oignons à la vapeur très douce dans du beurre avec un peu d'eau, salez et poivrez. Faites bouillir le bouillon avec le reste du bouillon et passez-le au tamis. Assaisonnez à votre goût et épaississez avec de la crème fraîche si nécessaire. Servez chaud avec la sauce, les pommes de terre au four et les légumes.

POITRINE DE JAMBON

Temps total : 30 minutes environ

Ingrédients

1 gros|poitrine de poulet, sans peau
4 tranches de jambon, grandes
3 carotte(s)
500 g de chou-fleur
100 g de fromage (fromage de chèvre)
4 pomme(s) de terre moyenne(s)
2 cuillères à soupe de beurre (beurre à l'ail)
un peu de sel et de poivre
un peu de macis (macis)
un peu de poivre en poudre
un peu de cannelle moulue
un peu de fromage (fromage à pâte dure), râpé

Préparation

Éplucher les pommes de terre et les couper en deux dans le sens de la longueur, les poser sur le côté plat et les couper en éventail, sans les entailler. Tartiner de beurre à l'ail, saupoudrer d'un peu de paprika et de cannelle, faire cuire au four jusqu'à ce qu'elles soient légèrement dorées, en les badigeonnant à plusieurs reprises de beurre fondu. Couper 2 1/2 carottes en tranches plus épaisses et les faire cuire avec les choux de Bruxelles dans de l'eau salée jusqu'à ce qu'ils soient tendres, mélanger avec un peu de beurre à l'ail. Couper le blanc de poulet en 4 morceaux, couper chacun d'entre eux latéralement, le farcir avec les lamelles de carottes et le fromage de chèvre (le fromage blanc peut également être utilisé), assaisonner légèrement l'extérieur avec du sel (peut être omis), du poivre et du macis. Roulez dans le jambon, saupoudrez de fromage à pâte dure et faites cuire au four à 180 degrés pendant environ 1 heure.

FISH 'N' CHIPS À LA PÂTE À BIÈRE

Temps total : environ 1 heure 15 minutes

Ingrédients

480 g de farine
3 cuillères à café de levure chimique
½ cuillère à café de sel
180 ml|de bière
180 ml|d'eau froide
|Huile d'olive, pour la friture
750 g|de pomme(s) de terre, pelée(s) et
coupée(s) en frites épaisses
4|Filet(s) de poisson (cabillaud), environ 160 g chacun

Préparation

Tamisez la farine, la levure chimique et le sel dans un grand bol. Ajouter graduellement la bière et l'eau froide au centre dans un puits. Fouetter pour former une pâte uniforme. Couvrir et laisser reposer pendant 20 minutes. Remplir une casserole profonde d'huile au tiers. Chauffez l'huile à 160 degrés (ou jusqu'à ce qu'un cube de pain y brunisse en 30 à 35 secondes). Ajoutez les pommes de terre en deux ou plusieurs lots et faites-les frire jusqu'à ce qu'elles soient tendres mais encore de couleur pâle. Ensuite, égouttez-les sur du papier absorbant. Chauffer la même huile à 180 degrés (ou jusqu'à ce qu'un cube de pain y brunisse en 15 secondes). Couper chaque filet de poisson en deux dans le sens de la longueur et l'éponger avec du papier absorbant. Plongez le poisson dans la pâte à frire et secouez légèrement l'excédent. Faire frire pendant 3 à 4 minutes, selon l'épaisseur, ou jusqu'à ce qu'ils soient croustillants, dorés et bien cuits. Puis égouttez-les sur du papier absorbant. Chauffez à nouveau l'huile à 180 degrés et faites-y frire les pommes de terre/frites pendant 1 à 2 minutes, ou jusqu'à ce que les frites soient croustillantes et dorées. Egouttez-les sur du papier absorbant et servez-les avec le poisson.

BLANC DE POULET AVEC DU RIZ

Temps total : 30 minutes environ

Ingrédients

1 poitrine de poulet
1 tasse de riz
1 boîte de maïs
1 cuillère à soupe de beurre
4 carotte(s) moyenne(s)
2 bouteilles de sauce soja, légère
1 bouteille de sauce soja, douce
3 anis (étoile)
5 girofle(s)
2 bâton(s) de cannelle
1|gousse(s) d'ail, écrasée(s)
3 cuillères à soupe|de gingembre râpé
1 grand(s) citron(s), coupé(s) en tranches
3 tasses/s de sucre
250 ml d'eau
|sel

Préparation

Mettez toutes les épices, les sauces soja, l'eau et le sucre dans une casserole, portez brièvement à ébullition puis poursuivez la cuisson pendant 20 minutes à feu doux. Enlevez la peau du blanc de poulet et coupez-le en 4 morceaux égaux, faites-le cuire dans la marinade jusqu'à ce qu'il soit tendre. La viande doit être couverte, ajoutez de l'eau si nécessaire. Couper les carottes en lamelles moyennes et les faire cuire dans l'eau avec un peu de sel jusqu'à ce qu'elles soient tendres. Faire cuire le riz, pas trop mou, incorporer le beurre et mélanger avec les grains de maïs. Retirer les blancs de poulet de la marinade et les servir sur le riz avec les carottes.

POULET AUX NOIX

Temps total : 2 heures environ

Ingrédients

4 filet(s) de poulet
1|blanc d'œuf
1 cuillère à soupe de sauce soja
1 cuillère à soupe de fécule
1 cuillère à soupe|de sherry sec ou de vin de riz
300 g de noix de Grenoble
2|piments rouge et vert, nettoyés et coupés en dés
1 cuillère à soupe de gingembre
2 gousse(s) d'ail, finement hachée(s)
4 échalotes
2 cuillères à soupe d'huile végétale
1 cuillère à café de sucre
1 cuillère à café de vinaigre de vin blanc
1 cuillère à soupe de sauce soja
1 cuillère à soupe|de sherry sec ou de vin de riz
selon le goût|bouillon de poulet
|Sel et poivre
|huile végétale pour la friture

Préparation

Coupez les filets de poulet en fines lanières de 5 centimètres de long. Fouettez le blanc d'œuf avec la sauce soja, l'amidon et le sherry et faites-y mariner les lanières de poulet au réfrigérateur pendant au moins une heure. Chauffez l'huile végétale à 180 °C dans une friteuse ou une poêle profonde. Faites d'abord frire les noix non décortiquées par lots pendant une minute. Retirez-les à l'aide d'une cuillère à trous et égouttez-les sur du papier absorbant. Tamponnez les lanières de poulet et faites-les également frire par lots pendant une minute. Dégraissez de la même manière sur du papier absorbant. Dans un wok, faites chauffer deux cuillères à soupe d'huile végétale. Faites revenir les poivrons coupés en dés, les échalotes, le gingembre et l'ail pendant 2 à 3 minutes. Ajoutez les lanières de poulet et laissez-les prendre la température. Mélangez le vinaigre, la sauce soja, le sherry, un peu de bouillon de poulet et le sucre. Versez sur les légumes du poulet. Assaisonnez à nouveau avec du sel et du poivre. Enfin, incorporez les noix et servez immédiatement.

GOULACHE DE KANGOUROU

Temps total : 20 minutes environ

Ingrédients

600 g|de viande de kangourou, coupée pour la goulash
2 petit(s) oignon(s), haché(s)
2 feuilles de laurier
1 poignée de noix de cajou ou de noix de macadamia
1 cuillère à soupe de chocolat (chocolat noir au piment), haché
1 tasse de crème fraîche ou de crème aigre
250 ml|de vin rouge d'Australie
|Sel et poivre
|ail
|poivre en poudre
|huile

Préparation

Faites revenir la viande dans un peu d'huile, ajoutez les
oignons. Assaisonnez avec le paprika, le sel, le poivre et l'ail
et déglacez avec le vin. Ajoutez les feuilles de laurier et laissez
la viande mijoter à couvert à feu doux pendant environ 45
minutes. Si nécessaire, ajoutez un peu d'eau. Lorsque la viande
est tendre, ajoutez la crème aigre et remuez jusqu'à ce que
la sauce soit lisse, si elle est trop épaisse, ajoutez un peu de
lait ou d'eau. Goûtez et incorporez les noix et le chocolat !

AILES DE RAIE AU BEURRE NOIR

Temps total : 30 minutes environ

Ingrédients

1 kg de poisson (ailes de raie)
100 g de beurre
7 cuillères à soupe de vinaigre (vinaigre de vin blanc)
2 cuillères à soupe de crevettes hachées
1 cuillère à soupe de persil haché
750 ml d'eau
1 oignon(s), coupé(s) en quatre
2 carottes, grossièrement hachées
1|bouquet garni, nettoyé
|sel
|poivre

Préparation

Nettoyez d'abord les ailes de raie et coupez-les en morceaux de taille égale. Faites ensuite bouillir l'eau avec 5 cuillères à soupe de vinaigre de vin blanc, l'oignon coupé en quatre, les carottes coupées en morceaux grossiers et le bouquet garni dans une casserole assez grande pendant 15 minutes jusqu'à ce que l'oignon et les carottes soient tendres. Ajoutez ensuite les morceaux de raie et laissez mijoter dans ce bouillon pendant 15 minutes. Puis égouttez bien et gardez au chaud. Faites dorer et crémer le beurre dans une petite poêle jusqu'à ce qu'il soit presque noir. Mélangez ensuite le beurre brun avec 2 cuillères à soupe de vinaigre de vin blanc et versez sur le poisson. Saupoudrer de câpres et de persil hachés et servir à table. Les légumes carottes ou les pommes de terre aux herbes sont excellents en accompagnement.

SPÉCIAL POULET PILBARA

Temps total : 45 minutes environ

Ingrédients

4|Filet(s) de poitrine de poulet
12|Vivres, farcis
1 poivre(s) vert(s)
4 cuillères à soupe d'huile
1 oignon(s)
4 tomate(s)
2 gousse(s) d'ail
1 pincée(s) de muscade
|riz
|sel et poivre
60 g de beurre
1 cuillère à soupe de farine
1 cuillère à café|de pâte de tomate
14 cuillères à soupe|d'eau chaude
1 cube|de bouillon de poulet
2 cuillères à soupe de Sherry

Préparation

Faites revenir les blancs de poulet dans le beurre et l'huile.
Placez-les dans une casserole. Faites revenir l'oignon jusqu'à
ce qu'il soit doré, ajoutez les tomates pelées et hachées, et
laissez cuire pendant 10 minutes. Égoutter et badigeonner
les filets. Saupoudrer une cuillère à soupe de farine dans

la casserole, ajouter le concentré de tomates avec l'eau et le cube de bouillon de poulet, et porter le tout à ébullition. Ajoutez l'ail et la noix de muscade au poulet avec les autres ingrédients. Les épices et le sherry en dernier et laissez le tout cuire à couvert pendant une heure. Couper le poivron en rondelles, le répartir sur le poulet, couvrir et laisser cuire encore 15 minutes. Mettez les olives sur le dessus, faites chauffer pendant encore 10 minutes. Servir avec du riz.

CURRY D'AGNEAU FRUITÉ

Temps total : 25 minutes environ

Ingrédients

600 g de filet(s) d'agneau, coupé(s) en dés
2 cuillères à soupe d'huile (huile d'arachide)
2 cuillères à soupe de pâte de curry
200 ml|de lait de coco
200 ml de bouillon d'agneau
12 échalote(s)
12 courge(s) (petite, jaune mini - courge) ou courgettes
6 petite(s) aubergine(s)
4 gousse/s d'ail
30 g de gingembre, fraîchement râpé
150 g de tomate(s) cerise(s), petite(s)
3 cuillères à soupe|de sauce de poisson, ou bien un peu de sel
2 cuillères à soupe de jus de citron vert
1 poignée|de basilic (thaï)

Préparation

Rincez les filets d'agneau à l'eau froide, séchez-les et faites-les frire dans une casserole avec de l'huile, puis retirez-les. Ajoutez la pâte de curry dans l'huile de friture et faites-les sauter. Déglacez avec le lait de coco et le fond d'agneau. Ajouter les échalotes, la courge (petite courge plate qui peut être cuite avec la peau), l'aubergine, l'ail et le gingembre. Laisser mijoter pendant 30 minutes jusqu'à ce que les échalotes soient tendres. Ajouter les tomates cerises et la viande et faire chauffer le tout, sans poursuivre la cuisson. Assaisonner au goût avec la sauce de poisson et le jus de citron vert. Saupoudrer de feuilles de basilic et servir avec du riz au jasmin.

KUMARA FARCI AVEC GARNITURE DE CHAMPIGNONS

Temps total : 15 minutes environ

Ingrédients

2 grande(s) pomme(s) de terre douce(s) (Kumaras)
2 tranches de jambon cuit
100 g de champignons
1 cuillère à soupe de maïs
2 abricot(s) (en boîte ou en bocal)
100 ml|de lait
1 cuillère à soupe|de fromage frais (par exemple Philadelphia)
|sel
|poivre

Préparation

Faites cuire la kumara (pas trop molle). Puis laissez-la refroidir un peu. Pendant ce temps, nettoyez et émincez les champignons. Faites chauffer le lait dans une casserole et mélangez-le avec le fromage frais en remuant. Ajoutez les champignons et laissez mijoter pendant quelques minutes, assaisonnez de sel et de poivre. Découpez un couvercle sur les kumaras. Retirez la peau du couvercle et mettez l'intérieur dans un bol. Retirez la kumara à l'aide d'une cuillère pour qu'elle soit encore stable. Ajoutez le contenu de la pomme de terre dans le bol et écrasezla pour obtenir une pâte. Coupez le jambon cuit et les abricots en petits morceaux et ajoutez-les avec le maïs dans le bol avec la purée de pommes de terre. Mélangez le tout, en ajoutant une gorgée de lait si nécessaire. Versez ensuite cette purée dans les kumaras. Enfin, versez les champignons avec la sauce sur la kumara. Servez avec une salade et du pain ou des toasts.

CARRÉ D'AGNEAU AU SHIRAZ - SAUCE TOMATE

Temps total : 30 minutes environ

Ingrédients

800 g d'agneau (carré d'agneau)
1 gousse/s|d'ail
½ cuillère à café|de graines de cumin
1 cuillère à soupe de persil haché
1 cuillère à soupe de menthe, hachée
1 cuillère à café de curry
1 cuillère à café|de poivre en poudre
|piment de Cayenne
5 cuillères à soupe d'huile d'olive
|sel et poivre
5 cuillères à soupe d'huile d'olive
500 g de tomate(s) cerise(s)
4 tranches de jambon fumé
1 oignon(s) rouge(s)
200 ml de vin, Shiraz (vin rouge australien)
1 branche(s) de romarin frais
1|feuille de laurier
|sucre
4 cuillères à café de beurre glacé
500 g|de pomme(s) de terre, fermes et bouillantes

5 gousse/s d'ail
50 ml de lait
100 ml|d'huile d'olive
1 cuillère à café de jus de chaux

Préparation

Grattez les os du carré d'agneau pour les nettoyer. Pelez et hachez l'ail, saupoudrez de sel et broyez-le. Hacher le cumin et le mélanger avec l'ail, le geh. Mélangez les herbes, les épices et 2 cuillères à soupe d'huile. Frottez la viande avec et laissez-la reposer pendant 1 heure. Pendant ce temps, lavez les tomates, coupez le jambon en lanières, pelez et coupez l'oignon en dés. Faites revenir les lanières de jambon et les cubes d'oignon dans 1 cuillère à soupe d'huile. Ajoutez 350 g de tomates et faites-les cuire avec le vin, le romarin et le laurier pendant 1 heure. Passez au tamis, assaisonnez de sel, de poivre et de sucre. Pour la purée de pommes de terre Épluchez les pommes de terre et l'ail, coupez-les en quartiers et faites-les bouillir dans de l'eau salée pendant 10-15 minutes jusqu'à ce qu'elles soient tendres. Faites chauffer le lait. Égouttez les pommes de terre et l'ail, écrasez-les et mélangez-les au lait. À feu doux, incorporez progressivement l'huile en fouettant. Assaisonner avec le sel et le jus de citron vert. Préchauffez le four à 200 degrés (ventilateur 180, thermostat 3-4). Faites chauffer le reste de l'huile dans une poêle et faites-y dorer la viande. Ajoutez le reste des tomates et faites cuire la viande au four pendant 10 à 15 minutes jusqu'à ce qu'elle soit saignante et rosée. Laissez reposer pendant 5 minutes dans le four ouvert et éteint. Faites chauffer la sauce et incorporez progressivement le beurre. Découpez l'agneau. Placez la purée dans des assiettes, disposez l'agneau dessus et versez la sauce autour. Servez avec les tomates cerises.

STEAKS D'AGNEAU AUSTRALIEN À LA SAUCE AU POIVRE DE SZECHUAN

Temps total : 53 minutes environ

Ingrédients

1 cuillère à soupe|de poivre de Szechuan (grains)
1 cuillère à soupe|de poivre noir
1 cuillère à soupe|de coriandre fraîche
1 cuillère à soupe|de sel marin
4|steak(s) (steaks d'agneau) de la longe

Préparation

Faites griller les grains entiers avec le sel dans une poêle pendant environ trois minutes. Continuez à déplacer légèrement la poêle. Broyez les grains grillés avec le sel dans un mortier pour obtenir une poudre. Si vous en avez un, vous pouvez aussi utiliser un moulin à épices. Sortez maintenant les steaks d'agneau du réfrigérateur et frottez-les avec le mélange d'épices, selon votre goût. Avant de les griller, les steaks d'agneau doivent reposer jusqu'à ce qu'ils atteignent la température ambiante. Pendant ce temps, on peut par exemple allumer le gril. Lorsque le gril est chaud, huilez la grille, placez les steaks sur le gril chaud et faites-les griller pendant trois à quatre minutes (à point) de chaque côté. Transférer les steaks sur un plateau et saupoudrer la viande d'un peu plus de mélange d'épices, selon le goût.

BIFTECK - CASSEROLE

Temps total : 30 minutes environ

Ingrédients

800 g de boeuf, (épaule de boeuf)
3 cuillères à café de farine
2 oignon(s)
3 carotte(s)
4 pomme(s) de terre
1 boîte de tomate(s), pelée(s)
500 ml|de bouillon de viande
un peu de muscat
1 cuillère à café de majorame
1 poignée de petits pois surgelés (ou frais)
un peu de sel
un peu de poivre noir

Préparation

Préchauffez le four à 180°. Pelez et coupez en tranches les oignons, les carottes et les pommes de terre. Coupez la viande en cubes d'environ 2 cm et saupoudrez-les de farine. Dans une rôtissoire, disposez en couches les oignons, les carottes et les pommes de terre, en assaisonnant chaque couche de noix de muscade, de marjolaine, de sel et de poivre. Ajoutez ensuite la viande et superposez à nouveau les légumes. Enfin, placez les tomates en conserve sur le dessus, versez le bouillon jusqu'à la moitié et laissez mijoter, à couvert, au four pendant environ 2 ½ heures.

ROULEAUX DE PANGASIUS AU FOUR

Temps total : 1 heure environ

Ingrédients

6 filet(s) de poisson, (pangasius)
3 cuillères à soupe de beurre
20 g|Poivre vert, moulu
20 g|flocons de paprika rouge
80 g|d'oignon(s), haché(s)
100 g|de chapelure
2 g|d'origan
1 cuillère à soupe|de persil, haché
un peu de sel
½ litre|d'eau
2 gousse/s d'ail, écrasée/s
1 lime(s)
100 g d'épinards
1 poivre(s) rouge(s)

Préparation

Préchauffez le four à environ 180 degrés C. Faites fondre le beurre dans une poêle. Mélangez le poivron vert, un peu d'ail et la moitié de l'oignon haché et faites sauter jusqu'à ce que l'oignon devienne translucide. Ajoutez maintenant la chapelure, l'origan et une cuillère à soupe de jus de citron, le persil et le sel, mélangez bien et puis nous le mettons sur les filets. Roulez les filets et fixez-les avec une courte brochette ou un cure-dent.

Placez les rouleaux de pangasius dans un plat à four. Ajoutez l'eau, le reste de l'ail et des oignons, les flocons de poivrons rouges et environ 3-4 cuillères à soupe de jus de citron vert. Placez le plat de cuisson dans le four préchauffé pendant environ 30 minutes. Au moment de servir, garnissez les rouleaux d'épinards et de poivrons rouges hachés. Ce plat se marie bien avec du pain à l'ail ou des pommes de terre en chemise.

BOEUF EN BROUSSE

Temps total : 30 minutes environ

Ingrédients

4|steak(s) de bœuf (épaule) à environ 125 g
200 g|de betteraves rouges
100 g|Celeri
1 oignon(s)
100 g|de lard maigre
2 cubes|de soupe, de bouillon de bœuf
1|piment(s) rouge(s)
100 g|margarine
2|mélange d'épices (épices Bush)

Préparation

Faites fondre la margarine dans une grande poêle, coupez l'oignon en dés et faites-le revenir légèrement, coupez le lard en lanières et ajoutez-le. Saupoudrez la viande de sel et d'épices Bush des deux côtés et faites-la dorer des deux côtés. Retirez les steaks et gardez-les au chaud. Dissolvez les cubes de bouillon dans 0,5 litre d'eau chaude et versez-les dans la poêle, ajoutez les betteraves jaunes et les branches de céleri coupées en tranches, les poivrons coupés en dés et laissez cuire pendant 10 min. Placez les steaks sur les légumes cuits et laissez cuire pendant 30 min supplémentaires. Servez les steaks avec les légumes dans une assiette. Avec chaque steak, je sers des pommes de terre au four avec de la crème aigre et des tomates, cuites en papillote. Épices de brousse : séchées et réduites en poudre : Paprika, poivron, ail, noix de muscade, origan, marjolaine, persil, romarin.

POULET À L'AUSTRALIENNE

Temps total environ : 20 minutes

Ingrédients

1 kg|de poitrine de poulet
2 petit(s) oignon(s)
1 grande boîte de conserve de lait de coco
1 petite boîte de conserve de concentré de tomates
|Poudre de curry (Madras-)

Préparation

Coupez la viande en cubes, hachez les oignons et faites-les bien frire dans une poêle avec un peu d'huile. Ajoutez le concentré de tomates et faites revenir brièvement. Versez ensuite le lait de coco et assaisonnez avec le curry. Couvrez et laissez mijoter pendant environ 45 minutes, en remuant de temps en temps. C'est bon avec du riz ou simplement avec une baguette.

DORMIR DE KANGOUROU DANS DU RIZ À L'ESTRAGON

Temps total environ : 3 heures 5 minutes

Ingrédients

250 g|Filet(s) de kangourou
100 g|Pois sugar snap(s)
100 g|de tomate(s) cerise(s)
2 échalote(s)
100 ml|Sherry
180 g|de riz
|eau salée
1 bouquet d'estragon frais
|sel et poivre de Tasmanie
|huile (huile de carthame)

Préparation

Sortez le filet de kangourou du réfrigérateur 2 heures à l'avance. Préchauffez le four à environ 80°C. Assaisonnez la viande avec du poivre de Tasmanie fraîchement moulu. Ne la salez pas ! Faites cuire le riz dans de l'eau salée comme d'habitude, puis mélangez-le à l'estragon haché. Faites chauffer une poêle à frire le plus haut possible et saisissez le filet des deux côtés dans l'huile de carthame jusqu'à ce qu'il soit bruni à l'extérieur. Enveloppez ensuite la viande dans une feuille d'aluminium et mettez-la au four pendant environ 10 à 13 minutes. Important : la viande doit rester au moins rose à l'intérieur, mais encore légèrement saignante. Sinon, elle sera dure. Pendant ce temps, coupez les échalotes en dés et faites-les sauter dans la poêle encore chaude. Ajoutez ensuite les tomates et les pois mange-tout lavés et nettoyés. Faites sauter brièvement et déglacez avec le sherry. Ajoutez le sel et le poivre. Retirez la viande du four et laissez-la reposer sur une planche en bois pendant 5 minutes. Puis découper et saler légèrement si nécessaire. Créez un lit de riz à l'estragon sur les assiettes et disposez dessus les tomates et les pois gourmands, y compris la sauce. Enfin, placez le filet en tranches sur le dessus. Un petit brin d'estragon pour la décoration, et voilà. Si la viande n'est pas cuite tout de suite, ne la remettez pas au four, mais passez-la brièvement dans la poêle chaude.

RACINES DU FOUR

Temps total environ : 30 minutes

Ingrédients

500 g|Carotte(s)
500 g de racine(s) de persil
500 g|Pomme(s) de terre, à cuisson ferme
250 g|Oignon(s)
100 g de beurre
50 g|Sucre brun
|Noix de muscade, râpée
1 botte|de persil
2 cuillères à café de jus de citron
|Sel et poivre

Préparation

Pelez les carottes, les pommes de terre, les racines de persil et les oignons. Coupez les carottes et les racines de persil en morceaux d'environ 5-6 cm de long et coupez-les en quatre ou en deux. Faites bouillir les pommes de terre et les carottes dans de l'eau salée pendant 5 minutes. Ajoutez les racines de persil. Faites bouillir le tout ensemble pendant encore 3 minutes. Ensuite, égouttez l'eau et laissez les légumes s'égoutter. Préchauffez le four à 175°C. Faites revenir les oignons dans une poêle avec du beurre et mettez-les dans un plat à four avec les légumes mélangés au sucre. Assaisonnez avec du sel, du poivre et de la noix de muscade. Faites cuire le tout au milieu du four pendant 30 minutes. Hachez le persil et mélangez-le avec le jus de citron parmi les légumes.

CALAMARS FARCIS

Temps total environ : 30 minutes

Ingrédients

½ tasse/n|d'huile d'olive
2 gousses d'ail, finement hachées ou écrasées
1 oignon(s), coupé(s) finement en dés.
½ tasse/n|basmati
0,33 tasse/n|de noix de pin
¼ tasse/n|ricotta
3|Tomate(s) séchée(s), conservée(s) dans
l'huile, coupée(s) finement en dés.
2|Tomate(s), pelée(s), en dés.
0,33 tasse/n|de corinthes, (remplacer les raisins secs)
¼ tasse/n|de persil, finement haché
|Sel et poivre
½ tasse/n|de vin blanc
1 ½ tasse/n|de jus de tomate, chaud
4 calmar(s) de taille moyenne (tubes de calamar), nettoyés

Préparation

Tout d'abord, faites chauffer la moitié de l'huile d'olive dans une grande poêle et faites cuire l'oignon et l'ail coupés en dés jusqu'à ce qu'ils soient translucides, mais pas bruns. Ajoutez ensuite le riz cru, les tomates en dés, les pignons de pin, les raisins de Corinthe, la ricotta et le persil haché. Assaisonnez avec du sel et du poivre. Préchauffez le four à 180°C. Remplissez les tubes de calamars aux 3/4 avec le mélange (le riz va encore gonfler un peu !) et fermez-les avec des cure-dents. Faites chauffer le reste de l'huile d'olive dans une grande poêle et faites frire les tubes à feu vif pendant 2 à 3 minutes, puis transférez-les dans un plat allant au four. Versez le vin blanc et le jus de tomate chaud et mettez au four, couvert, pendant environ 75 minutes (ou jusqu'à ce que le calamar soit tendre). Retirez ensuite les cure-dents et gardez les calamars au chaud. Placez la sauce dans une petite casserole et faites-la bouillir jusqu'à ce qu'elle soit réduite de moitié, environ 10 minutes, jusqu'à épaississement. Servez les calamars en tranches épaisses avec la sauce réduite. Servir avec des haricots serpentins et de la salade.

FILET DE KANGOUROU À LA SAUCE AUX PRUNES, TOMATES CERISES À L'ÉTOUFFÉE ET QUARTIERS DE POMMES DE TERRE

Temps total : 40 minutes environ

Ingrédients

700 g|Filet(s) de kangourou
500 g|tomate(s) cerise(s)
50 ml|de vinaigre balsamique foncé
3 cuillères à soupe|de sucre
1 paquet|de pomme(s) de terre, quartiers de
pommes de terre (potato wedges)
50 ml|de vin, rouge
200 ml|de vin (vin de prune)
300 ml|broth (instantané)
2 cuillères à soupe|de sauce chili (sauce chili douce)
1 oignon(s)

200 g de prune(s) (prunes séchées)
2 cuillères à soupe de sucre
1 cuillère à soupe de pâte de tomate
1 branche(s) de thym et de romarin
|Huile
|sel et poivre

Préparation

Hachez grossièrement les oignons et les pruneaux. Faites-les revenir avec les coupes dans un peu d'huile pendant 3-4 minutes. Ajoutez ensuite le concentré de tomates et faites-les rôtir pendant encore 2 minutes. Déglacez maintenant avec le vin rouge et laissez-le réduire complètement. Versez ensuite le vin de prune et laissez réduire à nouveau. Ajoutez maintenant le sucre, le romarin, le thym et la sauce chili et faites revenir brièvement. Versez ensuite le bouillon et réduisez le feu. Laissez mijoter pendant environ 30 minutes. Ensuite, passez la sauce à travers une passoire à cheveux (si nécessaire, utilisez une carte à pâtisserie pour filtrer les restes). Si la sauce est trop fine, faites-la réduire à nouveau. Sinon, assaisonnez avec un peu de soupe en poudre. Faites chauffer l'huile dans une poêle adaptée au four. Assaisonnez le kangourou avec du sel et du poivre noir moulu et saisissez-le des deux côtés. Mettez-le au four (190°C) pendant environ 8-10 minutes. Pendant ce temps, dans une casserole, faites bouillir le vinaigre balsamique avec le sucre, le sel et le poivre. Ajoutez maintenant les tomates. Laissez réduire jusqu'à ce que vous obteniez une consistance crémeuse. Ne faites pas trop cuire, sinon le balsamique deviendra amer. Retirez la viande et laissez-la reposer pendant encore 5 minutes, puis servez. Préparez les quartiers de pommes de terre (potatoe wedges) selon les instructions du paquet.

GIGOT DE CHÈVRE AUX CHOUX DE BRUXELLES

Temps total : 30 minutes environ

Ingrédients

1 ½ kg|de viande de chèvre (gigot)
1 cuillère à café de sel et de poivre
1|feuille de laurier
4 cuillères à soupe d'huile (huile de tournesol)
125 ml de vin rouge
8 tranches de lard (lard maigre)
1 kg de chou
½ kg|de champignons
2 gros oignons
2 gousse/s d'ail
2 cuillères à soupe de riz - farine
1 cuillère à café|de majorame
4 cuillères à soupe de crème

Préparation

Frottez le gigot sur toute sa surface avec les épices moulues
et le sel, roulez-le dans le lard et mettez-le dans la rôtissoire,
faites bouillir le vin et un peu d'eau et versez-le sur le gigot,
couvrez la rôtissoire avec du papier d'aluminium et faites-
le rôtir au four à 180 degrés pendant environ 3 heures, selon

sa taille, jusqu'à ce qu'il soit bien cuit. Couper un oignon en cubes, le glacer avec une cuillère à soupe d'huile dans une poêle et le faire sauter avec des champignons coupés en tranches, assaisonner avec de la marjolaine, du sel et du poivre. Ajouter les champignons dans la friture 15 min avant la fin de la cuisson avec 250 ml d'eau. Faites cuire les choux de Bruxelles. Maintenez la viande au chaud, retirez le lard et coupez-le en lanières. Coupez un oignon en demi-rondelles et faites-le frire jusqu'à ce qu'il soit bien doré, ajoutez les lanières de lard et les choux de Bruxelles et remuez. Faites bouillir la sauce avec un peu de crème, mélangez finement la farine de riz dans une tasse avec un peu d'eau et incorporez-la à la sauce, faites bouillir jusqu'à ce qu'elle se lie. Servir le tout avec du riz.

RÉCIF ET BŒUF

Temps total environ : 30 minutes

Ingrédients

2|steak(s) (filet de bœuf), environ 200 g chacun
1 paquet|de crevettes géantes, congelées
2 tomate(s)
500 g de haricots (brousse)
2 oignon(s)
350 g de pomme(s) de terre
2 gousse(s) d'ail
1 paquet de fines herbes, congelées
1 paquet de ciboulette surgelée
|Poivre noir à gros grains (steak)
|lait
|Crème
|Sel
|huile neutre pour la friture

Préparation

Poivrez les steaks à température ambiante et huilez-les bien
des deux côtés, laissez-les reposer. Épluchez les pommes de
terre, coupez-les en petits morceaux et faites-les cuire dans de
l'eau salée. Pendant ce temps, versez de l'eau bouillante sur les
tomates, pelez-les et coupez-les en petits morceaux. Préparer
les haricots, couper l'excédent et les blanchir dans de l'eau
bouillante salée pendant 4 bonnes minutes, puis les mettre dans
une passoire pour les égoutter. Coupez les oignons en petits dés
et faites-les revenir dans une casserole avec la moitié de l'ail

finement haché. Ajoutez ensuite les tomates et les haricots, laissez mijoter à feu doux. Faites cuire les crevettes avec l'autre moitié de l'ail finement haché dans une poêle à feu doux. Saisissez les steaks pendant 4 bonnes minutes de chaque côté (feu le plus élevé) - n'ajoutez plus de graisse dans la poêle. Couvrez et laissez dans la poêle, mais retirez-la du feu. Mixez les pommes de terre cuites en une purée crémeuse, vous aurez besoin du lait et d'un peu de crème, assaisonnez avec du poivre et du sel. Pour servir, mettez une petite montagne de purée de pommes de terre au centre d'une assiette et placez un steak sur le dessus. Placez les haricots à l'extérieur et répartissez les crevettes sur les steaks. Servez avec une bonne bière ou même un bon vin rouge.

POULET PERI PERI

Temps total : 15 minutes environ

Ingrédients

2 kg|de poulet - morceaux
400 ml|de ketchup aux tomates
350 ml|de chutney de fruits
125 ml|de sauce Worcestershire
80 ml|de jus de citron
4 gousse(s) d'ail, pressée(s) à la presse (ou plus)
|Poivre de Cayenne ou Peri Peri au goût

Préparation

Placez les morceaux de poulet en une seule couche dans une rôtissoire. Saupoudrer de peri peri. Mélanger tous les autres ingrédients dans un gobelet doseur et verser sur les morceaux de poulet de façon à ce que tous les morceaux soient recouverts de sauce. Porter le tout à ébullition, puis baisser le feu et laisser mijoter lentement jusqu'à ce que les morceaux soient cuits. Environ 40 à 45 minutes. Si la sauce est trop fine, laissez-la épaissir un peu à la fin. Servez avec du riz basmati et une salade verte ou des haricots verts. Vous pouvez également faire cuire ce plat dans une rôtissoire. Faites cuire à 200 degrés jusqu'à ce que les morceaux soient cuits, environ 1 heure.

ROULADES DE PORC FARCIES À LA FETA ET AUX PIGNONS DE PIN

Temps total : 30 minutes environ

Ingrédients

600 g de filet(s) de porc
1 tasse/n|de chapelure, de chapelure fraîche
½ tasse/n|Parmesan, râpé
¼ tasse/n|Herbes, mélangées fraîches ou surgelées : basilic,
origan, marjolaine, thym, menthe ou persil plat.
3|Gousse(s) d'ail, finement hachée(s).
1|Citron(s), râpé(s) ou zeste(s)
¼ tasse/s|de noix de pin, grillées, grossièrement hachées
2 cuillères à soupe d'huile d'olive
|sel de mer et poivre du moulin
2 cuillères à café|de moutarde, (moutarde de Dijon)
100 g de fromage Feta

Préparation

Coupez la viande en tranches de 2 cm d'épaisseur. Placez chaque tranche entre deux feuilles de film alimentaire et pilonnez-la jusqu'à ce qu'elle ne fasse plus que ½ cm d'épaisseur (vous pouvez aussi utiliser des escalopes de porc fines). Pour la garniture, mélangez la chapelure fraîche, le parmesan, les herbes mélangées, le zeste de citron, l'ail et les pignons dans un bol avec l'huile d'olive. Assaisonnez avec du sel et du poivre. Disposez les tranches de viande, étalez une fine couche de moutarde et recouvrez-les du mélange de garniture. Couper la feta en fines lamelles et la placer sur la garniture. Formez des roulades et attachez-les avec de la ficelle de cuisine. (Les paupiettes peuvent aussi être congelées à ce stade.) Préchauffer la poêle ou le gril, badigeonner les paupiettes d'huile d'olive et assaisonner légèrement de sel et de poivre. Placez-les dans la poêle ou le gril chaud à feu moyen et faites-les rôtir pendant environ 6 minutes tout autour. Le temps de cuisson dépendra de l'épaisseur des paupiettes. Retirez de la poêle ou du gril et laissez les paupiettes reposer à couvert pendant environ 5 minutes. Retirez la ficelle et servez les paupiettes avec de la salade. Si vous coupez les paupiettes en deux en diagonale, c'est très joli.

STEAKS DE NOUVELLE-ZÉLANDE À COUVERT

Temps total environ : 1 heure 50 minutes

Ingrédients

4 grandes|es escalopes de dinde, fines
4 tranches de jambon, cuites
4 oignon(s) moyen(s)
1 rouleau ou 2 tranches de pain blanc
4 cuillères à soupe de beurre, d'huile ou de graisse
3 cuillères à soupe de ketchup aux tomates
2 cuillères à soupe d'herbes aromatiques mélangées, italiennes
2 cuillères à café|d'ail en poudre ou 1 clou
de girofle, finement haché
500 ml|de bouillon de légumes
2 cuillères à soupe de farine ou de fécule de maïs
4 cuillères à soupe de crème fraîche
3 cuillères à soupe de crème fraîche
1 paquet de fromage (emmental) râpé
|Sel et poivre
|de l'eau ou du lait

Préparation

Coupez l'oignon et le jambon en petits dés et faites-les revenir
jusqu'à ce qu'ils soient dorés. Laissez ensuite refroidir le

mélange. Faites tremper les petits pains ou le pain blanc dans de l'eau (du lait si nécessaire). Faites chauffer le bouillon. Préchauffez le four à 200 degrés. Pressez les petits pains et mélangez-les bien avec le mélange oignon-jambon, le ketchup, le mélange d'herbes et la poudre d'ail. Laver et aplatir les escalopes de dinde, si nécessaire, afin de pouvoir les enrouler plus tard. Assaisonnez un côté de la viande avec du sel et du poivre, retournez-la et enduisez uniformément l'autre côté avec la pâte d'oignon, de jambon, d'herbes et de semoule. Roulez le tout et fixez-le avec des cure-dents. Il reste généralement de la farce, mais vous pouvez l'utiliser pour la sauce. Huilez le fond d'un plat allant au four et saisissez les steaks pendant environ 1 à 2 minutes de chaque côté (selon l'épaisseur des paupiettes). Ensuite, déglacez avec environ 2/3 du bouillon de sorte que la viande soit à environ 1-2 cm dans le bouillon. Couvrez et faites cuire au four pendant environ 40-60 minutes. Après environ 30 minutes, incorporez le reste de la farce. Selon l'épaisseur des steaks, environ 15 minutes avant la fin de la cuisson, saupoudrez la viande de fromage et faites cuire. Pendant ce temps, préparez la sauce en chauffant doucement la crème et la crème fraîche, en ajoutant le reste du bouillon et en épaississant avec de la farine ou de la fécule si nécessaire. Retirez ensuite la viande de la marmite et incorporez-y la sauce. Servir avec des nouilles ou des pommes de terre.

KANGOUROU - RAGOÛT

Temps total environ : 12 heures 40 minutes

Ingrédients

500 g|de viande de kangourou, coupée en dés
300 ml|de vin rouge
100 g de beurre
200 g|d'oignon(s), finement haché(s)
un peu de farine pour saupoudrer
500 ml|bouillon sauvage (base de gibier rôti)
une ou plusieurs baies de genévrier
200 g de champignons (rose trémière), égouttés
100 g de lard en fines tranches
100 g d'oignon(s) (oignons argentés), égouttés
|Sel et poivre
|persil, haché

Préparation

Faites tremper les cubes de viande toute une nuit dans environ 150 ml de vin rouge et mettez-les au réfrigérateur. Le lendemain, égouttez bien la viande et faites-la dorer dans du beurre fondu. Ajoutez les morceaux d'oignon et faites-les revenir. Saupoudrez ensuite le tout d'un peu de farine et versez le reste du vin rouge et le fond de venaison. Ajoutez quelques baies de genièvre. Faites cuire le tout à feu doux pendant environ 1 heure et demie. Juste avant la fin de la cuisson, faites revenir les éponges de bouillon et le lard dans une autre poêle. Ajoutez les oignons argentés et assaisonnez le tout avec du sel et du poivre. Ajoutez ensuite le tout à la viande dans la sauce ragout et portez à nouveau brièvement à ébullition. Saupoudrez de persil haché et servez. Ce plat se marie bien avec des pâtes ou du riz.

TREMPETTE AU CHEDDAR AMÉRICAIN ET AU BACON

Temps total : 1 heure environ

Ingrédients

225 g|Fromage frais, à température ambiante
500 g de crème fraîche
170 g de fromage cheddar, râpé
225 g|Bacon, coupé en tranches
1 oignon(s) nouveau(x)

Préparation

Préchauffez le four à 190 degrés en haut/bas. Faites frire les tranches de bacon dans une poêle jusqu'à ce qu'elles soient bien croustillantes mais pas trop, puis retirez-les de la poêle et coupez-les en petits morceaux. Nettoyez l'oignon nouveau et coupez-le en petites rondelles. Dans un grand bol, mélangez le fromage frais, la crème sure, le cheddar, les morceaux de bacon et les rondelles d'oignon vert. Versez le mélange dans un plat allant au four, placez au centre du four et faites cuire pendant 30 à 35 minutes, jusqu'à ce que le fromage soit complètement fondu et que la trempette bouillonne. Retirer la trempette du four et servir avec des frites ou du pain grillé.

KANGOUROU À LA SAUCE MOUTARDE

Temps total : 30 minutes environ

Ingrédients

500 g de filet(s) de kangourou
un peu d'huile pour la friture
2 oignon(s)
un peu de beurre
un peu de farine
3 cuillères à soupe de vin blanc sec
250 ml|de crème
3 cuillères à soupe de moutarde
|sel et poivre

Préparation

Pelez et coupez l'oignon en dés et faites-le suer dans un peu
de beurre. Saupoudrez-le de farine et laissez-le devenir brun
clair, puis déglacez avec le vin blanc. Ajoutez la moutarde
et la crème et portez brièvement à ébullition. Assaisonnez
la sauce avec du sel et du poivre. Faites chauffer l'huile
dans une poêle. Saisissez brièvement le filet des deux
côtés et gardez-le au chaud pendant 2 minutes. Découpez
ensuite la viande et servez-la avec la sauce. Servir les
accompagnements au choix (pâtes, pommes de terre...).

GIGOT D'AGNEAU AUSTRALIEN

Temps total : 15 minutes environ

Ingrédients

1|Gigot d'agneau
1 poignée|de gousses d'ail, écrasées
|quelques cuillères de graines de moutarde
|romarin

Préparation

Lavez le gigot d'agneau et séchez-le en le tapotant. Frottez-le ensuite avec l'ail écrasé et les graines de moutarde et saupoudrez-le de romarin frais. Si vous ne disposez pas de romarin frais, utilisez du romarin sec. Placez ensuite l'agneau rôti dans un "Ovenbag" (tube à rôtir), ou simplement dans un plat à four. Même sans le "Ovenbag", le rôti sera bien juteux. Faites ensuite rôtir le gigot au four à 180 degrés pendant 2 à 3 heures. Si vous préférez un rôti d'agneau rose, réduisez le temps à une heure. J'aime quand la viande se détache de l'os et qu'elle est juteuse, alors je laisse mon rôti au four pendant au moins 2,5 heures.

CHEVREUIL - CHILI

Temps total : 2 heures 20 minutes environ

Ingrédients

60 ml|d'huile d'olive
2 oignon(s), haché(s)
2 tiges de céleri, hachées
4 gousse(s) d'ail, écrasée(s)
500 g|de viande hachée, maigre de cerf, d'agneau ou de bœuf
1 grosse boîte de conserve de tomate(s), pelée(s)
300 ml|de bouillon de boeuf ou de cerf, si disponible
2 cuillères à soupe de pulpe de tomate
1 cuillère à soupe de cumin moulu
|sel
1 cuillère à café|de cacao en poudre
1 cuillère à café|de piment(s), petit(s), séché(s)
½ cuillère à café|d'origan
½ cuillère à café|de piment fort, moulu
1 grande boîte de haricots rouges, environ 850 g, égouttés

Préparation

Faites chauffer l'huile dans une grande marmite épaisse à
feu moyen. Faites-y sauter les oignons pendant environ 10
minutes, jusqu'à ce qu'ils prennent une couleur jaune doré.
Ajoutez le céleri et l'ail et faites-les cuire jusqu'à ce qu'ils
soient légèrement colorés, environ 4 minutes. Ajoutez le
bœuf haché et remuez jusqu'à ce qu'il se brise en morceaux.
Incorporer les tomates avec leur jus, le bouillon et la pâte de
tomate. Incorporez tous les ingrédients d'assaisonnement

et les herbes. Faites cuire le tout sans couvercle pendant 1 heure et quart, en laissant mijoter doucement. Ajoutez les haricots dans la marmite et laissez mijoter le tout tranquillement pendant 20 à 30 minutes supplémentaires pour mélanger les saveurs. Servez le chili de cerf bien chaud.

POITRINE DE PORC FARCIE AUX CHOUX DE BRUXELLES

Temps total : 30 minutes environ

Ingrédients

700 g de porc (poitrine)
1 carotte(s)
1 courgette
1 pièce(s) de céleri
250 g de chou
4 grosse(s) pomme(s) de terre
2 cuillères à soupe de sauce (sauce BBQ)
|sel
|poivre
|Mélange d'épices (berbère)*.
|Sauge
|sel à l'ail
½ cuillère à soupe de beurre

Préparation

Enlevez la couche extérieure de graisse et la couenne de la poitrine de porc et taillez-la en un carré, en enlevant tout excès. Les bords doivent être bien coupés et nets. Badigeonnez le dessus de sauce BBQ et assaisonnez de sel, de poivre et de sauge. Couper la carotte, le céleri et la courgette en lanières et en placer un quart avec la viande parée sur le dessus. Broyez le reste des légumes dans un cutter jusqu'à obtenir une pulpe et étalez-les également sur le dessus. Roulez le tout ensemble en un rouleau et attachez ou épinglez. Badigeonner l'extérieur de sauce barbecue et assaisonner légèrement de berbère (mélange d'épices). Faire rôtir au four à 100 degrés pendant 1 heure et demie. Laver les pommes de terre, les envelopper dans du papier d'aluminium et les laisser cuire à côté du rôti. Faites cuire les choux de Bruxelles dans de l'eau salée, séparez-les et ajoutez un peu de beurre, assaisonnez de sel d'ail. Quand c'est prêt, servir chaud. * Le berbère est un mélange d'épices africain.

RAGOÛT D'AUTRUCHE AU LAIT DE COCO

Temps total : 35 minutes environ

Ingrédients

400 g de filet(s) d'autruche
4 grosse(s) carotte(s)
1 grosse courgette
1 botte d'oignon(s) nouveau(x)
1 boîte de petits pois
2 piment(s)
1 boîte de lait de coco
200 ml de lait
2 cuillères à soupe de sauce soja
2 cuillères à soupe de cognac ou de brandy ou de sherry (sec)
30 g de chocolat à 70
|Basilic, frais
|Mélisse fraîche
|Sel et poivre
|Pains à cuire
|le gingembre et le curcuma
|bronze, en grains
|Coriandre et garam masala
|piment de Cayenne

Préparation

Coupez la viande en fines lamelles. Hachez les légumes et les piments dans un robot ménager ou coupez-les en petits dés à la main. Faites chauffer un peu d'huile dans une poêle avec le gingembre, le sel et le poivre, le poivre de Cayenne et environ 1 cuillère à café de bouillon granulé. Faire revenir la viande, déglacer avec le lait de coco. Ajouter le lait, la sauce soja et un trait de cognac. Ajoutez les légumes, hachez les herbes et ajoutez-les. Assaisonnez à votre goût et laissez mijoter pendant environ 30 minutes. Chauffez le chocolat au bain-marie jusqu'à ce qu'il soit liquide et incorporez-le au ragoût. Environ 3 minutes avant la fin de la cuisson, ajoutez les petits pois et assaisonnez à nouveau selon votre goût. Faites cuire les petits pains et servez-les avec le ragoût.

KANGOUROU À LA SAUCE PIMENTÉE AUX DATTES

Temps total : 20 minutes environ

Ingrédients

1 petite racine de gingembre
1 gousse d'ail, hachée
30 g de beurre
1 cuillère à café de piment
1 pincée(s) de muscat fraîchement râpé(s)
1 pincée(s) de sucre
quelques|graines de fenouil, écrasées au mortier
2 cuillères à soupe|de vinaigre, (vinaigre de vin blanc)
200 g|de dattes, séchées
250 ml de bouillon de veau
750 g de viande, (filet de kangourou)
un peu d'huile, (huile d'arachide)
un peu de sel
poivre, fraîchement moulu, selon le goût

Préparation

Peler le gingembre, le hacher finement. Faites-le sauter avec l'ail dans le beurre. Assaisonnez avec le piment, la noix de muscade et les graines de fenouil. Caraméliser légèrement avec le sucre. Ajouter le vinaigre de vin, porter à ébullition et réduire légèrement. Couper les dattes en deux et les ajouter dans la marmite avec le fond de veau. Laisser mijoter pendant 10 à 15 minutes. Mixer à l'aide d'un mixeur plongeant jusqu'à obtenir une consistance lisse. Chauffer fortement l'huile, saisir la viande, saler et poivrer, réserver pendant 4-5 minutes environ. La viande doit être encore rose au milieu, sinon elle sera dure. Chauffez à nouveau la sauce, versez-la sur la viande et servez. Servir avec des nouilles rubanées et des haricots enveloppés dans du bacon.

POULET AU LAIT DE COCO

Temps total : 15 minutes environ

Ingrédients

250 g|de poulet ou de dinde, coupé en morceaux
1 oignon(s)
1|gousse(s) d'ail
1 boîte de lait de coco
|sel et poivre
|du curry
|beurre

Préparation

Assaisonnez les escalopes avec du sel, du poivre et du curry et faites-les revenir dans du beurre pendant 10 minutes. Hachez l'oignon et l'ail, ajoutez-les et faites-les revenir jusqu'à ce qu'ils soient translucides. Déglacer avec le lait de coco et porter à ébullition. Laissez mijoter doucement à feu doux pendant environ 20 minutes. Assaisonnez selon votre goût et servez avec du riz.

POULET AU CITRON

Temps total : 1 heure environ

Ingrédients

½ tasse de jus de citron, fraîchement pressé
2 cuillères à soupe de miel
1 cuillère à soupe|de sucre brun
1 cuillère à café|de poudre de gingembre
6 gousse(s) d'ail
1 ¾ tasse/s|de bouillon de poulet
1 oignon(s), coupé(s) en dés
1 cuillère à soupe de sauce soja
4 filet(s) de poitrine de poulet
½ tasse|de farine
½ tasse d'eau
4 jaunes d'oeuf
|sel et poivre
2 tasse/s de chapelure
6 oignon(s) de printemps
|Persil
|huile d'olive

Préparation

Préparation de la sauce au citron (à préparer avant le poulet) :
mélanger uniformément 1 cuillère à soupe de farine avec le
jus de citron, mettre dans une casserole avec les ingrédients 2
- 8 et porter à ébullition. Laissez ensuite mijoter doucement
pendant environ 30 minutes (en remuant fréquemment).
Préparation du poulet : Coupez la viande en morceaux

d'environ 2,5 de large. Mélangez l'eau, le jaune d'œuf, le sel et le poivre avec la farine pour former une pâte homogène. Trempez la viande dans la pâte, puis panez-la. Faites chauffer l'huile dans une poêle et faites frire la viande (sans la faire cuire jusqu'au bout). Ensuite, étalez la viande (elle ne doit pas être superposée) dans un plat allant au four et faites-la cuire pendant environ 10 minutes à 180 degrés dans le four. Plus tard, aspirez l'huile de la viande avec un torchon de cuisine. Servez la viande sur un plat chaud avec la sauce au citron. Garnissez-la d'oignons nouveaux et de persil. Le riz et la salade verte font bon ménage en accompagnement.

CANNELLONI AU HOMARD, CRABE, CRÈME DE CITRON VERT KAFFIR ET SALSA DE TOMATES ET CORIANDRE

Temps total : 20 minutes environ

Ingrédients

3 Filet(s) de poisson (par exemple, filet de perche)
1 homard, cuit ou 6 crevettes
300 g de crabe, gros, cuit
1 cuillère à soupe de persil
1 cuillère à soupe de ciboulette
1 cuillère à soupe d'aneth
2|citron(s), avec son jus
1 oignon(s), coupé(s) en dés
3 gousse/s d'ail
1 petit gingembre, finement haché
1 cuillère à café de pâte d'épices (pâte de tom yum)
2 cuillères à soupe de pâte de tomate
500 ml de vin blanc

100 ml|d'absinthe (Cinzano Rosso)
500 ml|de bouillon de poisson
4|feuilles de citron vert kaffir
500 ml|de crème fraîche
1 sel
1|lime(s), son jus
1|tomate(s), épépinée(s), très finement hachée(s)
1|concombre(s), épépiné(s), tranché(s) très finement
1 oignon(s) rouge(s), coupé(s) en très fines lamelles
un peu d'huile d'olive
un peu de jus de citron
au goût|assiette(s) de lasagnes, fraîche(s)

Préparation

Hachez le homard ou les crevettes, le crabe et le poisson pas trop petits et mélangez-les bien avec les herbes, le jus de citron et la crème fraiche, le sel et le poivre. Prenez des feuilles de lasagnes fraîches, ajoutez un peu du mélange de fruits de mer, étalez-le sur les feuilles de lasagnes et roulez-les en cannellonis d'environ 7 à 10 cm de long. Ensuite, tout va dans le cuiseur à vapeur (pot à vapeur) pendant 6 minutes. Le goût est meilleur avec des pâtes fraîches et ce n'est pas difficile. Crème de citron vert kaffir : L'oignon, l'ail et le gingembre sont sautés puis mélangés à la pâte Tom Yum et au concentré de tomates. Ajouter ensuite le vin blanc et le Cinzano, porter le tout à ébullition et réduire au tiers, puis ajouter les feuilles de citron vert Kaffir et la crème fraîche. Assaisonnez au goût avec du sel et du poivre. Salsa à la coriandre : Mélanger la tomate, le concombre, l'oignon rouge avec l'huile d'olive et le jus de citron. Servir dans une assiette creuse avec 2 feuilles de bok choy cuites à la vapeur, les cannellonis sont posés dessus. On verse ensuite la sauce dessus et on ajoute la salsa.

VIVANEAU ROUGE AU FOUR AVEC TOMATES, POIVRONS ET OIGNONS ROUGES

Temps total : 45 minutes environ

Ingrédients

1 kg de filet(s) de poisson (vivaneau rouge) avec la peau intacte.
|sel
|Poivre fraîchement moulu
100 ml d'huile d'olive
2 oignon(s) rouge(s)
1 poivron(s) rouge(s)
1 poivron(s) jaune(s)
1|gousse(s) d'ail
6|tomate(s), ferme(s)
3 cuillères à soupe de persil
4 tiges de basilic
1|citron(s), le jus de celui-ci

Préparation

Préchauffez le four à 200°C (gaz : vitesse 3-4). Salez et poivrez généreusement les filets de poisson. Pelez les oignons et coupez-les en tranches de 1 cm d'épaisseur. Nettoyez les poivrons et coupez-les en lamelles dans le sens de la longueur. Pelez la gousse d'ail et hachez-la finement. Épluchez les tomates, retirez l'intérieur et coupez-les en longues bandes d'environ 1 cm de large. Hachez le persil. Arrachez les feuilles de basilic des tiges et coupez-les en fines lanières. Faites chauffer la moitié de l'huile d'olive dans une grande poêle épaisse à feu moyen. Faites-y sauter les rondelles d'oignon pendant environ 10 minutes, jusqu'à ce qu'elles soient translucides. Ajoutez les poivrons et faites-les sauter, également à feu moyen, pendant environ 5 minutes. Baissez ensuite la température au niveau le plus bas. Ajoutez maintenant l'ail et les tomates dans la poêle et laissez cuire, à couvert, pendant 5 minutes. Incorporez le persil et le basilic aux légumes, assaisonnez le mélange selon votre goût et retirez du feu. Badigeonnez les filets de poisson avec le reste de l'huile et placez-les côte à côte dans une rôtissoire. Faites cuire dans le four préchauffé sur la grille du milieu jusqu'à ce que la chair du poisson soit tendre mais pas encore en morceaux (ce qui prendra environ 10-12 minutes, selon l'épaisseur des filets). Disposez les filets de poisson sur un plat ovale chaud, garnissez-les de légumes chauds, arrosez-les de jus de citron et servez.

FILET DE BARRAMUNDI AU BASILIC - BEURRE DE NOIX SUR ROQUETTE FRITE

Temps total : 35 minutes environ

Ingrédients

1|Filet(s) de poisson (barramundi, 600 g chacun)
250 g de roquette
10 g|noisettes (macadamia), pelées, grossièrement hachées
10 g|noisettes (noix de pécan), pelées, hachées grossièrement
16 feuilles de basilic, fraîches, coupées en lanières
|Sauce soja
|Beurre
|poivre noir et blanc, du moulin
|sel marin
|jus de chaux
|Farine
|l'huile d'olive, l'huile de tournesol, l'huile de basilic

Préparation

Coupez les filets en 3 morceaux environ, coupez le côté peau
2-3 fois jusqu'à la viande. Arroser le côté peau avec un peu

de sauce soja et frotter, assaisonner avec du poivre blanc et noir du moulin. Retourner les filets et assaisonner avec du sel marin et un peu de poivre, arroser de jus de citron vert et laisser tremper quelques minutes. Pendant ce temps, dans une poêle (le wok est idéal), versez environ 3 cm d'huile de tournesol ou d'une autre huile à haute température et faites chauffer à environ 170°C (testez avec de la chapelure ; si elle brunit assez rapidement dans l'huile, la température est bonne). Saupoudrez la roquette de farine et assaisonnez-la de poivre moulu, ajoutez-la dans le wok et faites-la frire jusqu'à ce qu'elle soit translucide. Egouttez-la sur du papier absorbant, elle sera croustillante une fois égouttée. Pendant ce temps, dans une autre poêle (de préférence antiadhésive), faites chauffer l'huile d'olive presque jusqu'à ce qu'elle fume, saupoudrez brièvement les filets de barramundi de farine, côté peau en premier, et ajoutez-les à la poêle. Ne lésinez pas sur l'huile d'olive, il peut y en avoir un peu plus, la peau sera alors bien croustillante et le poisson sera encore juteux. Saisissez les filets jusqu'à ce qu'ils soient croustillants, puis retournez-les, réduisez la température et faites-les cuire jusqu'à ce qu'ils soient presque cuits. Continuez à arroser avec l'huile d'olive dans la poêle. Pendant ce temps, disposez la roquette sur des assiettes chaudes, faites de nouveau frire le poisson brièvement du côté de la peau, placez-le sur la roquette. Retirez l'huile restante de la poêle, faites-y revenir un peu de beurre avec les lanières de basilic, les noix et un peu de jus de citron vert et répartissez sur le barramundi. Garnissez avec les quartiers de citron vert et les feuilles de basilic. Terminez le plat avec quelques gouttes d'huile de basilic de haute qualité. Ce plat se marie parfaitement avec des pommes de terre rôties ou persillées. Conseil : Les noix de macadamia peuvent également être achetées décortiquées et salées, si vous voulez vous épargner la peine de casser la coquille extrêmement dure, et secouez un peu le sel avant de les utiliser.

KANGOUROU TROPICAL

Temps total : 25 minutes environ

Ingrédients

500 g de filet(s) de kangourou
1 oignon(s)
2 cuillères à soupe d'huile
|sel
1 tasse de riz
2 tranches d'ananas
1 tasse de jus d'ananas
250 ml|de crème
éventuellement du lard maigre

Préparation

Faites bouillir le riz dans une casserole. Dépouillez la viande et coupez-la en tranches de 10 mm d'épaisseur. Coupez l'oignon en dés et faites-le revenir dans une poêle avec l'huile jusqu'à ce qu'il devienne translucide. J'ajoute toujours une tranche de lard fendu, coupée en petits morceaux. Salez légèrement le kangourou, ajoutez-le, faites-le frire des deux côtés pendant environ 2 minutes et gardez-le au chaud. Coupez l'ananas en petits dés, ajoutez-le à la poêle avec le jus de cuisson et les oignons et faites-le chauffer. Incorporez la crème jusqu'à ce que le tout arrive à ébullition. Servez dans un plat avec le riz.

POULET AU CITRON AUSTRALIEN

Temps total environ : 5 heures 50 minutes

Ingrédients

1 poulet
3 bulbes d'ail
1 gros oignon(s) blanc(s)
1 lime(s) verte(s)
à volonté|bouillon de légumes
1 trait de vin blanc
un peu de beurre
|de l'huile
|sel et poivre

Préparation

Retirez le poulet de son emballage avant la préparation proprement dite et mettez-le au réfrigérateur pendant 3 à 4 heures. Cela permettra au poulet de croustiller plus tard dans le four ! Préchauffez le four à 200 degrés. Hachez maintenant les légumes. Pour ce faire, coupez les extrémités des bulbes d'ail de manière à ce que vous puissiez voir le blanc des gousses d'ail des deux côtés. Vous pouvez laisser la peau complète. Pelez l'oignon et coupez les extrémités, puis coupez l'oignon en deux. Placez les légumes dans le plat à four. Prenez maintenant le poulet et formez soigneusement un rabat avec votre doigt entre la couche supérieure de la peau et la peau inférieure ferme. Mettez 3 petits morceaux de beurre dans ce rabat. Cela rendra le poulet encore plus croustillant. Frottez ensuite le poulet avec de l'huile, du sel et du poivre des deux côtés. Faites attention en le retournant pour que le beurre ne tombe pas. Ouvrez le citron vert et arrosez le poulet avec une moitié du citron vert. L'autre moitié se trouve maintenant à l'intérieur du poulet. Elle formera la garniture et donnera au poulet un goût légèrement acide. Pour éviter que le citron vert ne tombe, on peut attacher les pattes du poulet avec de la ficelle. Le poulet est maintenant placé sur l'ail et l'oignon. Versez maintenant le vin blanc et le bouillon de légumes dans le plat à four jusqu'au quart. Laissez le poulet en dehors de la casserole ! Si vous perdez du liquide pendant la cuisson, vous pouvez ajouter du bouillon. Maintenant, il va dans le four pendant environ 1 heure et demie à 200 degrés. Le poulet devrait avoir une température interne de 65 degrés. Si vous le souhaitez, vous pouvez laisser reposer le poulet pendant environ 20 minutes, enveloppé dans du papier d'aluminium, après la cuisson. Le bouillon avec les oignons est servi comme sauce. Les gousses d'ail rôties se marient bien avec le poulet. Le citron vert ne doit pas nécessairement être mangé, il est seulement considéré comme un support de saveur. Faites attention en le coupant ! Les pommes de terre au four et les petits pois au romarin accompagnent très bien ce plat. Lors de mon séjour en Australie, nous mangions ce plat une fois par semaine. Il est rapide à préparer et facile à recréer.

SURPRISE DE STONER

Temps total : 5 minutes environ

Ingrédients

1 pièce(s)|cake (brownie au chocolat)
2 boules de glace (vanille)
15 cl de sauce au chocolat
|Poudre (chocolat)

Préparation

Chauffez le brownie au micro-ondes, mais ne le laissez pas trop chaud. Puis mettez-le au fond d'une tasse profonde, par-dessus la glace à la vanille. Versez la sauce au chocolat par-dessus et saupoudrez la poudre sur le dessus. J'ai mangé la Stoner Surprise pour la première fois à Byron Bay, en Australie, et j'ai été immédiatement conquis par cette idée simple et super délicieuse !

FILET DE SAUMON À LA CRÈME DE MACADAMIA

Temps total : 20 minutes environ

Ingrédients

4 filet(s) de saumon
|jus de citron
|sel
|Poivre blanc du moulin
|beurre
4 cuillères à soupe|de noix, hachées (macadamia)
200 ml|de vin blanc, sec
100 ml|de crème
2 cuillères à soupe de farine
1 cuillerée à soupe d'aneth - pointes, séchées
|Poivre noir du moulin

Préparation

Arrosez les filets de saumon avec le jus de citron, assaisonnez de sel et de poivre blanc, laissez reposer quelques minutes. Faites fondre le beurre dans une poêle. Faites revenir brièvement les filets de saumon des deux côtés dans le beurre mousseux. Ajoutez les noix et faites chauffer. Déglacez avec le vin et laissez mijoter à feu doux, à couvert, pendant environ 5 minutes. Retirez le saumon de la poêle et gardez-le au chaud. Mélangez la crème et la farine, épaississez la sauce avec. Assaisonnez au goût avec de l'aneth. Réchauffez à nouveau brièvement le saumon dans la sauce et assaisonnez enfin avec du poivre noir.

CURRY AUSTRALIEN À LA NOIX DE COCO

Temps total : 40 minutes environ

Ingrédients

500 g d'agneau, (gigot ou épaule) désossé
1 gros oignon(s)
1 gousse d'ail
3 brins de coriandre verte
1 lime(s), le jus
150 ml de crème de coco
1 cuillère à soupe d'huile (huile d'arachide)
2 cuillères à soupe de poudre de curry
|sel
|poivre

Préparation

Coupez l'agneau en cubes d'environ 2 cm, émincez l'oignon pelé, coupez l'ail en petits dés et hachez finement les feuilles de coriandre. Faites chauffer l'huile d'arachide dans une poêle, ajoutez les tranches d'oignon et les cubes d'ail et faites-les sauter jusqu'à ce qu'ils soient dorés. Ajoutez maintenant la viande et faites-la bien frire de tous les côtés, en la retournant. Incorporez le curry et versez la crème de coco et 1/4 l d'eau. Portez à ébullition et poursuivez la cuisson à feu doux jusqu'à ce que la viande soit cuite et qu'une sauce crémeuse se soit formée. Assaisonnez avec du sel et ajoutez la coriandre. Servez avec du riz.

SALADE DE CHOU CHINOIS

Temps total : 10 minutes environ

Ingrédients

1 tête de chou chinois
1|piment(s) jaune(s)
3 carotte(s)
5 petit(s) oignon(s) printanier(s)
1 tige/e|de menthe
1 tige/e|de coriandre verte
200 g de mayonnaise
2 cuillères à soupe d'huile (d'arachide)
|Sel et poivre

Préparation

Hachez le chou chinois, le poivron et les oignons verts. Coupez les carottes en petits bâtonnets. Cueillez la menthe et la coriandre et mélangez-les. Pour la vinaigrette, assaisonnez la mayonnaise avec de l'huile d'arachide, du sel et du poivre. Si elle est trop épaisse, incorporez un peu d'eau.

SALADE DE CHOU AUSTRALIENNE

Temps total : 2 heures 15 minutes environ

Ingrédients

½|Chou blanc
1 oignon(s)
1 carotte(s)
½ tasse/n|mayonnaise (mayonnaise pour salade)
0,33 tasse/n|de lait
¼ tasse/n|sucre
2 cuillères à soupe|de vinaigre
2 cuillères à soupe|de jus de citron
|sel et poivre

Préparation

Hachez le chou blanc, l'oignon et la carotte dans un robot ménager. Mélangez le reste des ingrédients pour obtenir une vinaigrette et assaisonnez selon votre goût. Mélangez le tout et laissez reposer au réfrigérateur pendant au moins 2 heures. La salade se conservera au réfrigérateur pendant environ 3 jours.

VINAIGRETTE POUR SALADE AUX FRAMBOISES

Temps total : 5 minutes environ

Ingrédients

1 tasse de yaourt naturel
1 poignée de framboises
1 cuillère à soupe de vinaigre (vin rouge ou vinaigre de framboise)
2 cuillères à café de sucre

Préparation

Placez tous les ingrédients dans un mixeur. Mixez et mettez au réfrigérateur. Nous avons mangé cette vinaigrette en Nouvelle-Zélande avec une salade composée d'avocat, de poulet et de céleri. Différente pour changer et tout simplement géniale !

SALADE DE CHAMPIGNONS FRAIS

Temps total : 35 minutes environ

Ingrédients

300 g de champignons frais mélangés. Cèpes,
champignons, éventuellement girolles
1 citron(s)
1 botte|de persil, lisse
1 jaune d'œuf
1 gousse/s|d'ail
100 ml|d'huile d'olive, extra vierge
|sel marin
|Poivre du moulin

Préparation

Nettoyez les champignons frais ; coupez-les en fines lamelles,
arrosez-les d'un peu de citron {faire frire brièvement les
girolles) Battez 1 jaune d'œuf avec du sel, du poivre et le reste
du citron, ajoutez 1 gousse d'ail. Verser progressivement
100ml d'huile d'olive en remuant constamment. Hacher
très finement le persil et l'incorporer. Assaisonnez la sauce
selon votre goût et versez-la sur les champignons.

SALADE D'AVOCAT

Temps total : 20 minutes environ

Ingrédients

2|avocat(s)
2|épis de maïs, grillés
250 g de tomate(s) (tomates cocktail)
1 piment(s)
1 oignon(s) rouge(s)
1|citron(s), son jus
1|gousse(s) d'ail
1 poignée de persil haché

Préparation

Pelez et dénoyautez les avocats et coupez-les en petits cubes.
Lavez et coupez les tomates en deux. Hacher le piment,
l'oignon et l'ail en petits cubes. Coupez le maïs des épis.
Mettez le tout dans un bol et mélangez bien. Assaisonnez
avec le jus de citron et le persil haché et servez.

POULET - PÊCHE - SALADE

Temps total : 20 minutes environ

Ingrédients

80 g|Poitrines de poulet, grillées, déchiquetées
1 ½ tasse/n|de chou chinois, coupé en lanières
¼ tasse|de menthe fraîche, râpée
1 petite(s) pêche(s)
2 cuillères à soupe de jus de chaux ou de citron
1 cuillère à café d'huile d'olive

Préparation

Mélangez le blanc de poulet, le chou chinois et la menthe dans un bol. Pelez la pêche et coupez-la en tranches, puis mélangez-les à la salade. Mélangez le jus de citron vert ou de citron avec l'huile d'olive et incorporez la vinaigrette à la salade. Cette salade est idéale pour l'été et convient comme déjeuner léger ou comme collation au travail.

SALADE DE MANGUE

Temps total : 15 minutes environ

Ingrédients

4 mangue(s)
1 oignon(s) rouge(s) moyen(s)
un peu d'huile d'olive, extra vierge
|Persil, (seulement pour la présentation)

Préparation

Coupez les mangues en rondelles, coupez également l'oignon en fines rondelles, ajoutez l'huile d'olive, ajoutez un peu de persil haché. Mélangez soigneusement et laissez au réfrigérateur pendant une demi-heure. Accompagne très bien tout barbecue.

CRÈME DE POMMES DE TERRE CRÈME DE POTIRON

Temps total environ : 30 minutes

Ingrédients

1 kg de potiron(s), quantité nette, musc ou butternut,
probablement d'Hokkaido
2 oignons, coupés en dés
1 tasse de crème
2 cuillères à café de levure instantanée
3 cuillères à café de sucre en poudre
un peu de macis
1 kg|de pomme(s) de terre éventuellement
farineuse(s), épluchée(s)
150 g|de jambon, éventuellement, en dés
un peu d'huile
un peu d'eau

Préparation

Ce plat peut facilement être transformé en plat principal en
ajoutant les pommes de terre. Le plat avec les pommes de terre
nécessite 2 tasses de crème. Coupez le potiron et éventuellement
les pommes de terre en cubes de 1-2 cm. Faites chauffer
l'huile dans une casserole et faites-y frire les pommes de terre.
Faites frire pendant environ 8-10 minutes, en remuant (avec

précaution). Si vous n'ajoutez pas de pommes de terre, continuez comme suit pour la version avec et sans pommes de terre : ajoutez le potiron dans l'huile chaude, faites-le frire. Ajoutez également les oignons, faites-les frire jusqu'à ce qu'ils soient al dente. Ajouter un peu d'eau (2-3 cuillères à café). Ajouter le bouillon, la crème, le sucre, la noix de muscade, les cubes de jambon, porter à ébullition et assaisonner selon votre goût.

DÉLICIEUX AU CITRON

Temps total : 20 minutes environ

Ingrédients

50 g de beurre
1 tasse de sucre
4 oeufs, séparés
|1/3 de tasse de farine
1 cuillère à café de levure chimique
3|citron(s), le zeste râpé de deux d'entre eux et le jus d'un autre
1 ½ tasse/n|de lait

Préparation

Préchauffez le four à 160°C. Battez le beurre avec la moitié du sucre et le zeste de citron jusqu'à ce qu'il soit crémeux. Ajouter les jaunes d'œufs, la farine, la levure chimique, le jus de citron et le lait et continuer à battre. Battre les blancs d'œufs en neige, ajouter le reste du sucre et continuer à battre jusqu'à ce que le mélange soit brillant. Incorporer le mélange de blancs d'oeufs au mélange de jaunes d'oeufs et verser dans un plat allant au four. Placez le plat dans un bain-marie au four et faites-le cuire pendant environ 50 minutes, jusqu'à ce qu'il soit légèrement doré. L'indice est qu'au fur et à mesure de la cuisson, une couche de génoise semblable à un soufflé se détache. Une délicieuse sauce légère au citron s'accumule alors en dessous. Conseil : Aime être mangé avec de la glace à la vanille.

TRANCHES DE FRUITS RAPIDES

Temps total : 15 minutes environ

Ingrédients

125 g de beurre
120 g de sucre
1 oeuf(s)
120 g de farine
½ cuillère à café|de levure chimique
150 g de flocons de noix de coco
90 g|de fruits secs mélangés
|graisse pour le moule

Préparation

Battez le beurre avec le sucre jusqu'à ce qu'il soit mousseux.
Ajoutez l'œuf et incorporez-le. Mélangez la farine avec
la levure chimique et incorporez-la au mélange avec les
flocons de noix de coco et les fruits secs. Graissez un plat
à four peu profond et versez-y la pâte. Faites cuire dans
un four préchauffé à 160°C pendant 30 minutes.

PAIN PITTA - PIZZA AU POTIRON RÔTI, AU JAMBON ET AU FROMAGE - POUR LES ENFANTS

Temps total : 30 minutes environ

Ingrédients

600 g|potiron(s) (butternut)
4 petit(s) pain(s) pita(s) (pita - pochettes), ordinaire ou complet
0,67 tasse de pulpe de tomate
100 g|de jambon cuit, à teneur réduite en matières grasses
|1/3 tasse de mozzarella, râpée, à teneur réduite
en matières grasses

Préparation

Préchauffez le four à 220° degrés. Recouvrez deux plaques à pâtisserie de papier sulfurisé. Pelez la courge, coupez-la en cubes (environ 1 cm x 3 cm), placez-les sur l'une des deux plaques de cuisson et vaporisez les deux côtés d'huile d'olive. Faites rôtir les cubes de courge jusqu'à ce qu'ils soient tendres, environ 25 à 30 minutes. Étendre uniformément la pâte de tomate sur un côté du pain pita. Placer sur la deuxième plaque à pâtisserie et recouvrir de jambon et de courge rôtie. Saupoudrer uniformément le fromage râpé sur le dessus. Mettre au four et faire cuire pendant 10 à 12 minutes (jusqu'à ce que le fromage soit fondu). Servir immédiatement. Conseil : Vous pouvez bien sûr utiliser de la vraie pâte à pizza à la place du pain pita. Remarque : Les avantages du butternut pour la santé - La courge est une bonne source de bêta-carotène, que le corps transforme en vitamine A. Plus la couleur est foncée, plus la teneur en bêta-carotène est élevée. Le potassium qu'elle contient permet de compenser les effets néfastes de la consommation de sel. Butternut - la courge contient également de la vitamine C et des fibres.

STRAMMER MAX À L'AUSTRALIENNE

Temps total : 25 minutes environ

Ingrédients

2 tranche(s) de pain
2 tomate(s) en chair
2 tranches de gouda
2 œuf(s)
|sel et poivre
|ketchup aux tomates
|sauce asiatique, aigre-douce

Préparation

Tout d'abord, coupez les tomates en tranches. Assaisonnez-les de sel et de poivre dans une poêle et faites-les frire à température moyenne. Retournez-les une fois et divisez-les en 2 portions déjà dans la poêle. Mettez maintenant le Gouda sur les tomates et laissez-le fondre. Entre-temps, tartinez le pain avec un mélange de ketchup et de sauce aigre-douce. Si vous le souhaitez, vous pouvez griller le pain brièvement avant ou l'utiliser tout de suite. Lorsque le fromage est fondu, répartissez le mélange de tomates et de fromage sur les pains. Ajoutez un peu de graisse dans la poêle chaude et cassez délicatement les œufs en veillant à ce que le jaune reste intact. Salez, poivrez et lorsque les blancs d'œufs sont fermes, tournez-les une fois brièvement. Enfin, placez les œufs sur le pain. Conseil : Servir avec une salade de laitue croquante, des oignons de printemps et des tomates cocktail !

PAIN DE MAÏS

Temps total environ : 1 heure 15 minutes

Ingrédients

1|pain blanc, rond (environ 750 g)
500 g|d'épinards (surgelés), décongelés, hachés
2 cuillères à soupe|de bouillon de légumes, instantané
1 tasse/n|mayonnaise
1 tasse/n|de crème fraîche
4 oignons de printemps, hachés
1 boîte de châtaignes (châtaignes d'eau), tranchées ou hachées

Préparation

Découpez un couvercle pas trop grand sur le pain rond. Creusez la partie inférieure pour faire une belle coquille pour la farce. Couper la farce du pain retiré en petits cubes ou la plumer en morceaux de la taille d'une bouchée. Égoutter un peu les épinards décongelés et les mélanger avec le reste des ingrédients, farcir le pain préparé et réfrigérer pendant au moins 1 heure avant de servir. Servir avec les morceaux de pain pour le trempage. Vous pouvez également couper une baguette en dés pour que le pain ne s'épuise pas avant que la trempette ne soit consommée, ou servir des crackers aux saveurs différentes pour l'accompagner. Conseil : si vous préparez la garniture un jour à l'avance et la conservez au réfrigérateur, elle se raffermira très bien. Excellent comme amuse-bouche lors d'un barbecue ou sur un buffet froid - c'est là que les gens se rencontrent pour faire connaissance !

ARAIGNÉE DE MER AUX CHAMPIGNONS

Temps total environ : 1 heure 10 minutes

Ingrédients

2,4 kg|d'écrevisses, (araignée de mer, donne environ
800 g de chair)
32|champignons frais, de 4-5 cm de diamètre
300 g de mayonnaise
1 oeuf(s)
2 cuillères à soupe de lait
1 cuillère à café de sauce Worcestershire
1 cuillère à café de moutarde de Dijon
¼ cuillère à café de poivre
⅛ cuillère à café|de poivre
50 g de chapelure
100 g de fromage, finement râpé
½|piment(s) rouge(s), finement coupé(s) en dés
2 gousse/s d'ail, coupées en fines rondelles

Préparation

Préchauffez le four à 220 degrés C. Mélangez tous les
ingrédients, en commençant par la mayonnaise, dans un bol
moyen. Incorporer délicatement la chair de crabe. Retirez les
pieds des champignons et remplissez les champignons avec le
mélange de crabe. Faire cuire au four pendant 10 à 12 minutes
ou jusqu'à ce que la chair de crabe commence à brunir.

ROULEAUX DE FROMAGE À LA VEGEMITE

Temps total : environ 35 minutes

Ingrédients

350 g de farine
50 g|de beurre, mou
350 ml|de lait
1 cuillère à café d'extrait de levure, concentré
(par ex. Vegemite ou Marmite)
200 g|de fromage, râpé
1 pincée(s) de sel
1 paquet de poudre à lever ou 1 cuillère à
café de bicarbonate de soude
|de la farine pour le plan de travail
éventuellement de la graisse pour la plaque de cuisson

Préparation

Mélangez la farine avec la levure chimique, ajoutez une pincée de sel. Incorporez le beurre et ajoutez suffisamment de lait pour obtenir une pâte bien pétrissable (non collante). Abaissez la pâte sur un plan de travail fariné en un rectangle d'environ 40 x 25 cm, étalez le Vegemite et saupoudrez les 3/4 du fromage. Roulez la pâte sur le côté long et enfermez le fromage. Coupez ensuite en 10 morceaux d'environ 4 cm d'épaisseur et placez-les les uns à côté des autres sur une plaque de cuisson graissée ou recouverte de papier sulfurisé (côté coupé vers le haut). Répartissez le reste du fromage sur les rouleaux et faites-les cuire au four à 220°C (chaleur supérieure/inférieure) pendant environ 20 minutes jusqu'à ce que le fromage soit doré. Les rouleaux sont meilleurs chauds et sont très bons comme plat d'accompagnement pour un barbecue ou comme petit encas entre les repas.

PRITTATA D'OIGNONS AU PESTO D'OLIVES

Temps total : 20 minutes environ

Ingrédients

6 œuf(s)
100 g de parmesan râpé
|sel et poivre
1 oignon(s) moyen(s)
2 cuillères à soupe d'huile d'olive
200 g|d'olives noires, sans noyau
1 cuillère à soupe de câpres
1 gousse/s|d'ail
¼|de la lime(s), écorce râpée

Préparation

Battez les œufs dans un bol. Incorporez le fromage et assaisonnez le mélange avec du sel et du poivre. Épluchez l'oignon et coupez-le en fines rondelles. Égouttez les câpres et les olives, pelez la gousse d'ail. Hachez le tout grossièrement avec le zeste de citron vert et 1-2 cuillères à soupe d'huile d'olive dans un mixeur. Faites chauffer 1 cuillère à soupe d'huile d'olive dans une poêle et faites-y revenir les rondelles d'oignon jusqu'à ce qu'elles soient tendres. Baissez la température et ajoutez le mélange d'œufs. Faites-les frire jusqu'à ce qu'elles soient dorées d'un côté, puis retournez-les et faites-les frire de l'autre côté. Transférer la frittata d'oignon dans un plat, la couper en quatre et la disposer sur des assiettes avec un peu de pesto d'olive. Servez avec une salade mixte.

TOURTE À LA VIANDE AUSTRALIENNE

Temps total : 4 heures environ

Ingrédients

1 kg|de bœuf haché
250 g de goulasch de bœuf
500 ml|bouillon de boeuf, instantané, très concentré
250 g de lard
2 oignon(s)
2 carotte(s)
400 g de champignons
2 gousse(s) d'ail
200 g de pulpe de tomate
1|piment(s) rouge(s)
300 g de pâte brisée
150 g de pâte feuilletée, surgelée
300 ml|de vin rouge sec d'Australie
60 ml|de sauce Worcestershire
4 cl|Maggi
4|feuilles de laurier
3|Jeune d'oeuf

Préparation

Faites revenir la viande hachée avec le goulasch de bœuf, coupé en cubes de 0,5 cm, dans l'huile et assaisonnez avec du sel, du poivre et du paprika. Lorsque tout est légèrement bruni, ajoutez les oignons, les carottes, les champignons, le lard, le concentré de tomates et le paprika. Déglacer avec le vin rouge et laisser infuser pendant environ 5 minutes, puis verser le bouillon de bœuf fort et laisser mijoter à feu très doux pendant environ une heure et demie. Pendant que la garniture mijote, ajoutez les feuilles de laurier dans la marmite et retirez-les avant l'épaississement. Déchirez-les légèrement pour qu'elles dégagent une meilleure saveur. Enfin, ajoutez la sauce Worcestershire et l'assaisonnement Maggi. En fait, le Vegemite fait partie de cette recette, mais comme il est difficile de s'en procurer en Allemagne et que le Maggi répond mieux au goût, je me contente de ce produit, ou ceux qui trouvent de la Marmite dans les magasins britanniques peuvent aussi en prendre 2 cuillères à soupe. Laissez infuser pendant environ 20 minutes et enfin assaisonnez avec du sel, du poivron et du paprika selon votre goût. Enfin, mélangez un peu de bouillon de bœuf froid avec de la fécule de maïs et épaississez la viande jusqu'à ce qu'elle devienne presque gélatineuse. Laissez la farce refroidir. Pendant que la farce refroidit, vous pouvez préparer les ramequins et tapisser le fond de pâte brisée. Veillez à ce qu'il n'y ait pas de trous dans la pâte, sinon la farce s'échappera. Je recommande de placer les moules à muffins dans une plaque à muffins en métal car les formes en papier peuvent facilement se défaire. Lorsque la garniture a refroidi, vous pouvez remplir les moules à muffins et les recouvrir de pâte feuilletée prête à l'emploi. Vous pouvez décorer le dessus de la pâte feuilletée comme vous le souhaitez et la badigeonner de jaune d'œuf. Mettez les muffins au four à 220° C en haut/bas pendant environ 25 min jusqu'à ce que les tartes soient dorées.

TARTE AU BACON ET AUX ŒUFS

Temps total : 15 minutes environ

Ingrédients

12 œuf(s)
500 g de bacon
250 g de fromage, râpé
8 tranches de|pâte feuilletée, congelées, éventuellement
plus, en fonction du plat de cuisson
un peu de farine pour le moule

Préparation

Cette recette est si facile à préparer et a un goût délicieux. Même si elle n'est pas très saine non plus. Elle est particulièrement bonne froide ! C'est pourquoi elle convient aussi très bien pour les fêtes et, coupée en petits morceaux, comme finger food. Dans un grand bol, mélangez 11 œufs, le fromage et le bacon coupé en petits morceaux. Ne mélangez pas trop, mais incorporez-les sans serrer. Tapissez un plat à four avec la moitié des tranches de pâte feuilletée. J'ai besoin de 4 tranches rectangulaires dans mon moule, vous pouvez avoir besoin de plus ou moins. Un peu de farine sur le fond des tranches les empêchera de coller au moule par la suite. Versez le mélange œuf-fromage-bacon dans le moule et couvrez-le avec le reste de la pâte feuilletée. Battre le dernier œuf et en badigeonner la pâte. Faites cuire au four pendant environ 45 minutes à 175°C. Laissez reposer un moment avant de servir pour que l'œuf prenne complètement.

AMOUR

Temps total : 10 minutes environ

Ingrédients

⅛ litre|de jus de pomme
⅛ litre|de thé noir
1 pincée(s)|de gingembre en poudre ou de sirop de gingembre
1|citron(s) - tranche(s)
2 glaçons - cube

Préparation

Préparez un thé noir et laissez-le refroidir. Mélangez le jus de pomme, le thé et le gingembre et remuez. Versez le tout dans un verre et servez avec la tranche de citron et les glaçons.

WONGAR BIG BOCCONCINI - BACON AUX ÉPINARDS

Temps total : 25 minutes environ

Ingrédients

800 g|de bœuf haché (Black Angus)
1|oignon(s) rouge(s)
2 tomate(s)
8 tranches de lard ou de pancetta
2 mozzarella
125 ml|mayonnaise (mayonnaise ail-balsamique)
4 pains à burger
|sel et poivre
100 g|d'épinards frais

Préparation

Assaisonnez le bœuf haché avec du sel et du poivre et divisez-le en 4 portions égales. Coupez les tomates, la mozzarella et les oignons en tranches et mettez-les de côté. Lavez les épinards et mettez-les également de côté. Ouvrez les pains à hamburger en tranches et placez-les sur un four à toaster pour faire légèrement dorer le côté coupé. Donnez à la viande hachée la forme de galettes de hamburger et saisissez-les des deux côtés dans une poêle avec un peu de graisse. Ajoutez la mozzarella sur les galettes et laissez reposer le tout pendant quelques minutes. Faites frire le bacon jusqu'à ce qu'il soit croustillant. Garnissez ensuite le burger dans l'ordre suivant : Fond du pain à burger, feuilles d'épinards, tranches de tomates, tranches d'oignons, mayonnaise balsamique à l'ail, viande garnie de mozzarella, tranches de bacon, un peu de mayonnaise balsamique à l'ail, dessus du pain à burger. Fixez le tout avec une brochette en bois et servez chaud.

SOUPE AU POTIRON AUSTRALIENNE

Temps total : 20 minutes environ

Ingrédients

1 oignon(s)
740 ml|de chair de potiron, du bocal
3 cuillères à soupe de bouillon de viande (instantané)
|Poivre blanc
|sel
|sucre
1 cuillère à soupe de fécule
125 ml|de crème
20 g de beurre
2 tranches de pain blanc
|eau

Préparation

Epluchez l'oignon. Egouttez le potiron. Coupez les deux en dés. Portez 1 litre d'eau à ébullition, ajoutez le bouillon de viande, l'oignon et le potiron. Assaisonnez avec du poivre, du sel et une pincée de sucre et laissez cuire pendant environ 15 minutes. Réduire la soupe en purée et porter à nouveau à ébullition. Mélangez la fécule de maïs dans 2 cuillères à soupe d'eau et épaississez la soupe avec. Assaisonnez le tout et incorporez la crème. Coupez le pain blanc en cubes et faites-le griller dans du beurre chaud jusqu'à ce qu'il soit bien doré. Saupoudrez-en la soupe de potiron avant de servir.

CAROTTE - GINGEMBRE - SOUPE

Temps total : 20 minutes environ

Ingrédients

2 cuillères à soupe de beurre
2 cuillères à soupe d'huile (huile de tournesol)
2 oignons, coupés en morceaux
3 cm|de gingembre frais, pelé, finement haché
500 g de carotte(s), râpée(s) au robot ou émincée(s) finement
1 litre|de bouillon de poulet
ml|de jus (jus de clémentine), fraîchement pressé (5 morceaux)
|sel marin
|Poivre noir, fraîchement moulu

Préparation

Faites chauffer le beurre et l'huile dans une casserole. Faites-y ramollir les oignons avec une pincée de sel et faites-les frire jusqu'à ce qu'ils soient dorés. Ajouter le gingembre et les carottes, faire frire pendant quelques minutes. Ajouter le bouillon et le jus de clémentine, puis assaisonner. Portez à ébullition et laissez mijoter jusqu'à ce que les carottes soient tendres, environ 20 minutes. Filtrer à travers une passoire, réduire en purée les solides dans un mixeur avec 1 à 2 louches de liquide. Ajouter le mélange crémeux au reste du liquide et réduire à nouveau en purée. Réchauffer si nécessaire et assaisonner au goût. Conseil : Le jus d'orange ou de mandarine peut être utilisé à la place du jus de clémentine.

PETITES CRÊPES
À LA BANANE

Temps total : 15 minutes environ

Ingrédients

100 g de farine
75 g|de flocons d'avoine, fins
250 ml de lait
2 banane(s) moyenne(s)
3 œuf(s)
1 pincée de sel
|Huile d'olive

Préparation

Séparer les œufs. Ecraser ou réduire en purée les bananes.
Mélangez la farine, les flocons d'avoine, le lait, les jaunes
d'oeufs et les bananes jusqu'à obtenir un mélange homogène.
Dans un autre bol, battez les blancs d'oeufs jusqu'à ce qu'ils
forment des pics fermes, ajoutez une pincée de sel. Ajoutez
une pincée de sel et incorporez les blancs d'oeufs battus à la
pâte lisse pour la rendre bien moelleuse. Faites chauffer une
grande poêle, badigeonnez-la d'huile d'olive. Placez de petits
"monticules" de pâte dans la poêle. Faites frire les crêpes
jusqu'à ce qu'elles soient dorées des deux côtés. Dégustez-
les encore chauds ! Bien sûr, le miel fait très bien l'affaire !

PUDDING RAPIDE AU PAIN ET AU BEURRE

Temps total : 40 minutes environ

Ingrédients

8 tranches de pain aux raisins
50 g de beurre, (vous pouvez aussi utiliser
de la confiture ou du sirop)
3 œuf(s)
500 ml de lait, (lait entier)
éventuellement des raisins secs

Préparation

Graissez un moule résistant au feu. Les moules en verre sont
bien car on peut alors voir les couches. Beurrez le pain aux
raisins et coupez-le pour qu'il s'adapte au moule et mettez-
le en couches comme une lasagne. Il est préférable de beurrer
la dernière couche (si vous avez utilisé de la confiture ou du
sirop pour les autres). Fouettez les œufs et le lait et versez
sur le dessus, le moule ne doit pas être trop plein sinon il
débordera. Je le fais habituellement en hauteur (4 couches) ;
vous pouvez aussi le faire dans un moule peu profond avec une
seule couche. Faites cuire au four pendant environ 35 minutes
à 180 degrés. Vous pouvez aussi prendre des toasts normaux
et mettre des raisins secs dans les couches intermédiaires.
Il est faible en calories si vous n'utilisez que de la confiture /
du sirop et prenez du lait allégé au lieu du lait entier. Le
goût est quand même excellent ! Servi avec de la glace à la

vanille ou de la sauce à la vanille, il est à tomber par terre !

HUÎTRES KILPATRICK

Temps total : 10 minutes environ

Ingrédients

12 huîtres
12 cuillères à café de sauce Worcester
12 cuillères à soupe|de jambon cuit (bacon, non fumé)

Préparation

Disposez les huîtres ouvertes, fraîches ou congelées, sur un plateau résistant au feu, avec du sel de mer. Placez 1 cuillère à café de Worcester et 1 cuillère à soupe de jambon cuit sur chaque huître, faites-les cuire sous le gril chaud jusqu'à ce que le jambon prenne de la couleur. Servir avec un supplément de Worcester.

LAVASH - ROULEAUX AU SAUMON FUMÉ

Temps total environ : 1 heure 30 minutes

Ingrédients

160 ml|mayonnaise
2 cuillères à café d'aneth frais ou 1 cuillère à café d'aneth séché
|Poivre, grossièrement écrasé
1|citron(s), non traité(s), avec son zeste
2|pain(s) plat(s) (pita lavash), d'environ 20 - 30 cm
250 g|de filet(s) de saumon (saumon fumé), en tranches

Préparation

Coupez les pains plats en deux. Dans un petit bol, mélangez
soigneusement la mayonnaise avec l'aneth, le poivre au goût
et le zeste de citron. Placez les galettes coupées en deux sur le
plan de travail et étalez uniformément la mayonnaise. Placez les
tranches de saumon sur le dessus, côte à côte. Roulez les moitiés
de pita en les serrant bien, en commençant par l'extrémité
étroite, mais ne laissez pas la mayonnaise s'écouler par les côtés.
Envelopper individuellement dans une pellicule plastique et
réfrigérer pendant 1 heure. Avant de servir, retirer la pellicule
plastique et couper les rouleaux en tranches transversales
d'environ 2,5 pouces d'épaisseur à l'aide d'un couteau dentelé.
Disposer sur un plateau et servir immédiatement.

HUÎTRES GRATINÉES AVEC SALSA DE MACADAMIA

Temps total : 25 minutes environ

Ingrédients

12 huîtres fraîches
1 boîte|de noix de macadamia salées
2 cuillères à soupe de chapelure
2 cuillères à soupe|de parmesan, fraîchement râpé
2 cuillères à soupe|de sauce soja, sucrée ou terijaki
1 botte|de feuilles de coriandre

Préparation

Coupez les noix en petits morceaux. Ajoutez tous les autres ingrédients aux noix et faites une pâte épaisse. Ouvrez et nettoyez les huîtres (ce n'est pas bon pour les dents s'il reste des morceaux de coquille à l'intérieur) et laissez les huîtres dans une moitié de coquille. Mettez la pâte sur les huîtres et faites-les cuire au four à 180° pendant environ 20 minutes.

BROCHETTES DE SAUMON AUX HERBES

Temps total environ : 40 minutes

Ingrédients

1 tasse de farine
½ paquet|de levure chimique
0,67 tasse de babeurre
1 œuf(s), légèrement battu(s)
15 g de beurre, fondu
2 cuillères à soupe de persil haché
2 cuillères à soupe|de ciboulette, coupée en rouleaux
200 g de fromage frais
1 cuillère à soupe de jus de citron
200 g|de saumon fumé (dans l'original :
1 boîte de 220 g de saumon)
|huile pour la friture

Préparation

Mélangez le beurre fondu avec le babeurre, l'oeuf battu, le persil et 1 cuillère à soupe de ciboulette. Tamisez la farine et la levure dans un bol et ajoutez le mélange d'herbes liquides. Mélangez ensuite le mélange avec une cuillère pour former une pâte crémeuse. Maintenant, faites chauffer une poêle avec de l'huile et à l'aide d'une cuillère à soupe, placez de petites portions de pâte dans la poêle, pas trop chaude. Lorsque des bulles commencent à monter au centre des petites crêpes, elles peuvent être retournées. Laissez les gâteaux finis refroidir sur une grille ou une grande assiette. Couper le saumon en petits morceaux et le mélanger avec le fromage frais et le jus de citron à l'aide d'un mixeur manuel. Enfin, répartissez le mélange de saumon uniformément sur les gâteaux et décorez avec les rouleaux de ciboulette restants.

PÂTÉS DE VIANDE AUSTRALIENS

Temps total : 30 minutes environ

Ingrédients

250 g de pâte feuilletée
1 cuillère à soupe de beurre
1 oignon(s), finement haché(s)
250 g de viande de bœuf hachée
1 cuillère à soupe de farine
2 cuillères à soupe de sauce Worcester
2 cuillères à soupe d'eau
|sel et poivre
1 oeuf(s), battu(s) en neige

Préparation

Etalez la pâte feuilletée, découpez 4 plaques rondes (4 x 10 cm). Tapissez 4 moules à tarte avec les feuilles de pâte. Faire revenir les oignons dans le beurre. Ajouter le bœuf haché et faire revenir. Incorporer la farine, la sauce Worcester, l'eau, le sel et le poivre et porter à ébullition. Laisser refroidir. Verser la sauce à la viande dans les 4 moules. Découper des couvercles dans le reste de la pâte feuilletée, les placer sur le dessus et appuyer fermement. Percez les couvercles au milieu pour permettre à la vapeur de s'échapper et décorez avec les restes de pâte si vous le souhaitez. Badigeonner d'œuf battu. Placez les caissons de pâte sur une plaque à pâtisserie recouverte de papier sulfurisé. Faites cuire au four à 190°C pendant

20 minutes. Servez les tartes avec de la sauce tomate.

TOURTE À LA VIANDE AUSTRALIENNE AU VIN ROUGE

Temps total : 1 heure environ

Ingrédients

1 kg|de boeuf, maigre
250 g d'oignon(s)
1 tasse de vin rouge sec
125 g de jambon
100 g de champignons
2 cuillères à soupe d'huile
2 gousse/s d'ail
2 cubes de brocart
2 feuilles de laurier
1|jaune
2 cuillères à café de pâte de tomate
1 paquet de pâte feuilletée (surgelée)
1 paquet de pâte brisée (surgelée)
|sel et poivre
1 tasse d'eau
éventuellement|paprika en poudre, doux noble
éventuellement|carotte(s)
éventuellement|baie(s) de genévrier

Préparation

Décongelez la pâte brisée et la pâte feuilletée. Je pense avoir utilisé 4 - 5 feuilles de pâte brisée et 2 - 3 feuilles de pâte feuilletée. Coupez la viande en dés d'environ 1 cm de côté. Coupez le jambon et les oignons en dés. Faites frire le tout dans l'huile. Hachez ou pressez l'ail et ajoutez-le. Ajoutez ensuite le vin rouge, l'eau, les cubes de bouillon, le concentré de tomates, le laurier, le sel, le poivre, les champignons coupés en tranches (poivron, carotte, genièvre si désiré) et faites cuire jusqu'à ce que la viande soit bien tendre. Ensuite, laissez-la refroidir un peu. Pendant ce temps, couper les feuilles de pâte brisée (trouver la taille d'une manière ou d'une autre) dans des moules en aluminium (sont d'environ 3 cm de haut et 10 - 12 cm de diamètre, je n'ai jamais essayé en Allemagne, peut-être que cela fonctionne avec des moules à muffins), presser, laisser un petit débordement. Verser la garniture de viande de façon à ce que la cavité de la pâte soit remplie. Couper les feuilles de pâte feuilletée pour faire un couvercle. Fixez le couvercle tout autour de l'histoire, c'est assez pénible. Piquez les couvercles au milieu pour permettre à la vapeur de s'échapper. Si vous le souhaitez, vous pouvez encore décorer les couvercles avec les restes de pâte. Badigeonnez les couvercles avec le jaune d'œuf. Répartissez les gâteaux de viande sur le gril et faites-les cuire au four à 220°C pendant 15 - 20 min jusqu'à ce qu'ils soient dorés. J'ai inventé les épices pour donner un peu de vie à l'histoire, mes connaissances ont apprécié à merveille. Manger aussi chaud que possible, avec du ketchup si nécessaire. La recette est légèrement modifiée à partir d'une recette ABC (ABC = une chaîne de télévision australienne). L'original contient des rognons, de la moutarde et un mélange de soupe à l'oignon, mais pas d'épices. Mais le plus important, c'est quand même le vin.

MENTIONS LÉGALES

Tous droits réservés

Mindful Publishing
Nous vous aidons à publier votre livre !

Par

TTENTION Inc.
Wilmington - DE19806
Trolley Square 20c

Instagram : mindful_publishing
Contact : mindful.publishing@web.de
Contact2 : mindful.publishing@protonmail.com

Printed in France by Amazon
Brétigny-sur-Orge, FR